生存逻辑
与治理逻辑

安徽农村改革的先期探索

SUBSISTENCE LOGIC WOVEN WITH
GOVERNANCE LOGIC

A Study of Rural Reform in Anhui Province

李 洁 著

社会科学文献出版社
SOCIAL SCIENCES ACADEMIC PRESS (CHINA)

序　希望的田野还是乡愁之地

郭于华

　　李洁在其博士论文基础上的研究专著《生存逻辑与治理逻辑》就要出版了。在当今农村社会的困境与其社会关注程度不成比例的情境下，这样一部著作或许不会成为吸引目光的畅销书，但一定是重要和值得人们思考的学术成果。

　　中国社会正处于大转型时期，而当代社会转型是从农村开始的，或者可以说农村改革是整个中国改革的发祥之地。李洁博士的研究以转型社会学的视角，运用口述历史方法，通过与农村改革亲历者们的互动，以深入细致的田野工作获得第一手宝贵材料，为读者讲述了一个安徽农村改革发端期的故事。

　　长期以来，有关中国农村改革的结构性因素、动力机制、各层级之间的关系和张力等始终存在诸多不同的看法和争论：国家与农民谁是农村改革的真正推动者？分田到户、实行"联产承包责任制"究竟是底层农民的"伟大创举"，还是各级领导者抑或顶层的设计？市场经济到底姓"资"还是也可以姓"社"？一个社会主义的农业大国之转型，无疑是一个错综复杂充满变数和偶然性的艰难历程，如果没有结构 – 过程互构的视角，没有理论与实践并重的探索，没有自上而下与自下而上相结合的研究是难以回答上述问题的。

　　李洁博士的研究通过对中国农村改革最早的发源地之一——安徽省农村改革实践的分析，试图回答这样一个关乎中国市场转型的源流问题：农

1

村改革何以发生？如何发生？研究再现了集体化末期中国乡村社会的复杂面相与农村改革初期国家－农民关系的实践过程，力图恢复"历史"本身的多重面貌，致力于从普通人的日常生活中构建历史，并从中洞悉文明运作的逻辑。从她的论述中读者可以获知，中国农村改革并非简单的国家巨手推动抑或农民自下而上地发起，事实上，在各种权力关系与历史话语框架互相嵌套与掣肘的背景下，任何一方都不足以推进整个改革进程。在某些情境下，国家与农民甚至需要借助对方的话语和逻辑，以实现政策层面的灵活变通与国家统一治理的协同与自洽。

本书的出版会进一步丰富我们对中国乡村社会权力运作逻辑和中国农村改革深层结构的理解，其意义不仅在于认识历史，也有助于理解现实并寻求农村发展的路径。

当年改革初期的乡村变迁与今日农村的社会结构状态及农民的出路有着内在的关联。改革开放是旧体制走到尽头、不得不进行变革的行动；时至今日变革的脚步仍在行进之中。换句话说，在现代化、工业化、城市化进程中中国农村的出路何在一直是困扰我们的难题；农村社会的转型步履维艰，仍是横亘于人们心头的思虑。不知起自何时，怀有乡愁，记住乡愁，成为已经城市化的人们的一种情怀，然而，思念寄于何乡何土却已然成了问题与困惑。在中国语境下，所谓乡愁，既有人们对故土田园生活方式的怀念，更有对农民困境和乡村凋敝的担忧。

在中国快速城镇化的进程中，人们一边惊异于城市面积和人口的急剧扩张，一边又感叹着乡村精英的流失和乡村社会的凋敝，悲哀着乡愁无所寄托，并时常将其归因为城乡之间的人口流动。农村的留守儿童、留守老人、留守妇女问题越来越突显，且似乎的确是伴随着城市化进程而出现的。但如果我们将眼光放长远一点并用结构性视角去看待分析这些问题，就无法回避这样的思考：今日乡村的困境包括老人自杀率上升、儿童认知能力偏低①、家庭生活不正常等仅仅是由于人口流动、青壮年劳动力外出打工造成的吗？

---

① 美国斯坦福大学教授罗斯高（Scott Rozelle）研究团队，"农村教育行动计划"（Rural Education Action Program，REAP），见 https://theinitium.com/article/20161206 – dailynews-china-western-children/。

人类社会从传统走向现代，通常是一个"农民终结"的趋势。"农民的终结"曾经是法国及其他西方国家的命题，而今天也是中国社会现代化的命题。我们不妨先看一下《农民的终结》的作者是在什么意义上讲"终结"的。他所说的终结并非指农村消失了，农业不存在了或居住在乡村的人不存在了。其书再版时（1984 年）法国正在经历作者所言的"乡村社会的惊人复兴"，表现为：（1）农业人口的外流仍在继续，同时乡村人口的外流却放缓了。1975 年以后流动方向发生逆转，有些乡村地区的人口重新增加了。（2）农业劳动者在乡村社会中成为少数，工人、第三产业人员经常占大多数。（3）家庭与经营分离，从事多种就业活动的家庭经营成倍地增加。（4）通信和交通网络进入乡村系统。（5）乡下人享有城市的一切物质条件和舒适，他们的生活方式城市化了（70 年代完成的）。"法国社会的这个奇特的矛盾在任何其他国家中都看不到：乡村在生活方式上完全城市化了，但乡村和城市之间的差别仍然如此之大，以至于城市人一有可能就从城里溜走，仿佛只有这一点才赋予生活一种意义。"传统意义上自给自足的农民已经不存在了，当前在农村中从事家庭经营的是以营利和参与市场交换为生产目的的农业劳动者，这种家庭经营体从本质上说已属于一种"企业"，但较工业企业有其自身的特点和特殊的运行机制。永恒的"农民精神"在我们眼前死去了，同时灭亡的还有家族制和家长制。这是工业社会征服传统文明的最后一块地盘。于是"乡下人"成为化石般的存在物（孟德拉斯，1991）。

相较于其他国家的城市化过程，中国所面临的现实是农村趋于凋敝，而农民并未"终结"。农民问题在中国社会转型过程中是最沉重也是最严峻的问题，我们可以从两个方面加以表述。

其一是城市化制约。长久以来制度安排形成的结构性屏障限制了城市化的正常进程，农民作为国民人口的大多数、粮食商品率稳定在 35% 以下，是持续已久的现实。直到 2011 年底，中国城镇人口才首次超过农村人口，比例达到 51.27%。而农民进入大城市的制度瓶颈依然存在，并且已经城市化的农民在就业、生计、保障和后代可持续发展方面也依然存在困境。已故的"三农"问题专家陆学艺先生曾经批评："城市在扩张过程中需要绿化美化，在农村看到一棵大树很漂亮就要搬到城里去；连大树都城市化了，却不让农民城市化。"

其二是农民工困境。与城市化问题相关，改革开放三十多年来形成的农民工问题没有从根本上解决。相关统计数字显示，全国农民工总量已达2.7395亿，其中新生代农民工已成为这支流动大军的主体。[①] 我们可以新生代农民工为例，所谓"新生代"并不仅仅是年龄或代际概念，还是揭示了一种新的生产关系和新的身份认同交织在一个"世界工厂"时代的劳工群体。与其父辈相比，他们自身鲜明的特点折射出"新生代"作为制度范畴，与乡村、城市、国家、资本所具有的不同于上一代的关系。他们受教育程度较高，不愿认命，有着更强烈的表达利益诉求和对未来更好生活的要求。而他们所面临的似乎无解的现实却是融不进的城市，回不去的乡村。

难以化解的矛盾表现为新生代与旧体制之间的冲突："旧体制"是指自改革开放以来形成并延续了30年之久的"农民工生产体制"，其中一个重要的面向就是"拆分型劳动力再生产制度"，其基本特征是将农民工劳动力再生产的完整过程分解开来：其中，"更新"部分如赡养父母、养育子嗣以及相关的教育、医疗、住宅、养老等保障安排交由他们所在乡村地区的老家去完成，而城镇和工厂只负担这些农民工个人劳动力日常"维持"的成本（清华大学社会学系新生代农民工研究课题组，2013）。这种特色体制造成并维持了农民工融入城市的困境，以及与之相伴的留守儿童、老人、女性的悲剧和每年"春运"的独特景观。

上述困境让人无法不思考的问题是：什么是真正意义上的城市化？到底是谁的城市化？城市化的本质是什么？政府主导的城乡一体化格局如何实现？显而易见，只要人手不要人口，只要劳力不要农民的城市化不是真正的城市化和现代化。人们常说，中国的问题是农民的问题，意为农民、农村和农业是中国社会转型中最大最难的问题；人们也常说，农民的问题是中国的问题，这并非同义反复的强调，而是说所谓"三农"问题仅仅从农村和农业范围着手是无从解决的，农民问题是全局性的而且必须在整个社会的结构和制度中去思考和解决。

从农民的概念出发，我们很容易理解，中国农民从来不是作为 farmer 存在的，他们不是农业经营者或农业企业家，而是作为 peasant 的小农，他们从事的只是家户经济。农民与其他社会群体的区别根本上不是从业的、职业的

---

① 参见 http://www.gov.cn/xinwen/2015-04/29/content_2854930.htm，登陆日期：2015-12-10。

区别，而是社会身份、地位的差别。在中国语境下，无论将农民放在社会分层的什么位置上——工人阶级最亲密的同盟军也好，社会金字塔的最底层也罢，中国农民都不是劳动分工意义上的类别，而是社会身份和地位上的类别。

从中国农民的结构位置看，农民在历史上一直处于被剥夺的位置，在特定时期甚至被剥夺殆尽。长久以来，他们总是社会变革的代价的最大承受者，却总是社会进步的最小获益者。农村一直是被抽取的对象——劳动力、农产品、税费、资源（土地）。如同一片土地，永远被利用、被开采、被索取，没有投入，没有休养生息，只会越来越贫瘠。不难看出，农村今日之凋敝，并非缘起于市场化改革后的劳动力流动，农民作为弱势人群的种子早已埋下：传统的消失，宗族的解体，信仰的缺失，地方社会之不存，这些在半个多世纪之前已经注定。

经历了长久的城市与农村的分隔状态，所谓城乡二元已经不止是一种社会结构，而且成为一种思维结构。剥离了农民的权利所进行的城市化，是缺少主体及其自主选择权的城市化。在这一过程中，农民的权利被忽略或被轻视，农民被作为丧失了主体性，自己过不好自己的日子，不能自主决策的弱者群体。解决农民问题，推进中国的城市化、现代化进程，必须给农民还权赋能（empower），即还他们本应具有的生存权、财产权和追求幸福的权利。如此，一些底层群体的悲剧，农民和农业的困境，以及乡村社会的颓败之势是否可以避免呢？

从已经走过三十多年的农村改革进程开始，梳理社会转型的历史脉络，李洁博士的努力对于我们如何从社会结构和制度层面思考解决农村问题乃至中国问题当有所启发。

2017 年 10 月 18 日

参考文献

孟德拉斯，1991，《农民的终结》（1964/1984），李培林译，中国社会科学出版社。

清华大学社会学系新生代农民工研究课题组，2013，《困境与行动——新生代农民工与"农民工生产体制"的碰撞》，载《清华社会学评论》第六辑，社会科学文献出版社。

目　　录

第一章
引言：小岗故事的画外篇

提到中国市场改革的源头，人们自然会想起 20 世纪 70 年代末兴起的农村家庭联产承包责任制。而提到家庭联产承包责任制，人们又会自然而然地将其与安徽省凤阳县一个小小的村庄——小岗村联系在一起。书刊媒体中关于十八户农民揭开中国农村改革序幕的记叙早已深深印刻在当代中国人的脑海中。

1978 年 11 月 24 日[①]，梨园公社小岗生产队 18 户农民，聚集在一间茅舍里，召开一次秘密会议。
……

队长严俊昌，副队长严宏昌，会计严立学，这三位都当过乞丐的汉子，私下商量：如果"包产到户"能干好，咱们豁出去了，不然，也是饿死！今晚召开这个秘密会议，就是要商量这个事。

茅屋里，人人愁眉苦脸，面面相觑，鸦雀无声。不知过了多久，传出一个苍老而低沉的声音，年过六旬的严国昌说话了："你们放心，这样搞下去准能搞到饭吃！不过，不过，你们倒霉肯定不得轻，说不定会打成'现行反革命'，那时可就毁喽！"又有一位老人严家芝说："你们这样搞下去，一家老小可就成问题喽！"愤懑难抑的村民七嘴八舌呼喊起来："你们要是倒霉，我们帮助把你们的小孩养到 18 岁！"3位队干部面对舍身袒护的群众，泪如泉涌。严宏昌掏出一份早已拟好

[①] 有关小岗生产队大包干事件的具体时间，不同的版本莫衷一是。这段引文中提到的时间仅是诸多版本中的一种。关于这段历史的考察见本书第六章第一节。

的条文，声音发颤："就是杀头也让脑袋掉在富窝里。为混口饭吃，死也值得。我们写了一个保证书，对咱们小岗搞秘密'包产到户'做了两条规定，如果同意就请各户按手印。""再补上一条！""把你们的孩子抚养到18岁！"18户农民争先恐后地用食指按上鲜红的印泥，一簇簇沉重的指印按在16开白纸自己的姓名上。

这封保证书是这样写的：

保证书

一、"包产到户"要严守秘密，任何人不准对外说。

二、收了粮食，该完成国家的就完成国家的，该完成集体的就完成集体的，粮食多了，要向国家多做贡献，谁也不要犯罪。

三、如果因"包产到户"倒霉，我们甘愿把村干部的小孩抚养到18岁。

（18 个村民的姓名）
1978 年 11 月 24 日

如今这份"绝密文件"陈列在中国革命博物馆，天长地久，向人们展现着当年中国农村这场暴风骤雨，昭示着一个永恒的真理——人民，只有人民，才是创造历史的真正动力！（汤应武、缪晓敏，1997：231~233）

不同的版本或许在记叙上稍有差异，但18个鲜红的手印、风雨交加的夜晚，以及饥饿驱动下的农民却是不同文本共同着力刻画的意象。由此，人们不难得出这样的印象：小岗村18户农民代表了中国千百万土地耕作者的声音和愿望，他们迫切希望结束人民公社体制下生产长期遭到禁锢的集体化生产方式，将土地分包到户，实行家庭经营，改变农民长期以来温饱无法得到满足的生存状况。正是在这样的背景下，国家顺应农民的呼声和要求，将农民的生存需要置于首位，结束了延续近四分之一个世纪的人民公社制，在全国普遍推行起农村家庭承包责任制。一句话，以小岗故事为代表的中国农村改革是一场发端于普通农民基于生存需要而推动的、自下而上的经济和社会变革。

小岗村18户农民齐心协力改变生存窘境的故事简单、生动而有力，它已经成为人们头脑中对当时国家政治经济状况与农民形象的一种意象符号，然而这样一种经过加工和提炼后的单一符号却无法涵盖20世纪70年代末期中国农村改革的多重背景和复杂局面，在调查中我们收集到很多无法被人们所熟知的"小岗符号"所涵盖的跳跃的声音和闪动的画面。

画面一

一位出生于新中国成立后、成长于人民公社轰轰烈烈展开时期的大队妇女干部笑着回忆包产到户初期自己是如何反应的：

> 那时候农民自己哪敢想啊（笑）。那时候都讲集体化嘛，哪讲什么私干啊，私干那时候就都是资本主义嘛。资本主义道路嘛，哪敢有这个想法呢，是吧？……因为我们都是在大集体的时候入的党，是吧，毛泽东思想在我们脑筋当中，在头脑当中基本上算是扎根，是吧。一开始人家讲，要分田到户喽，都是私干喽，我们都怪想不通的（笑）。（THU071030DJM）

如果说这位基层干部还是由于观念上的原因难以接受包产到户的话，也有另一部分农民反而是出于自身家庭受益的考虑，不愿接受包产到户。例如有些农民由于之前在生产队中并不直接从事农业生产（如喂牲口、搞运输的农民），因而缺少农业耕作方面的经验；还有一些农户家里缺少直接从事农业生产的重劳动力，无力单独进行农业生产。

画面二

> 这是刚刚分地的时候，刚刚分到组的时候。冬天借地，第二年春干就刚分到组。然后旁人讲分到组不如我们就分到户，一人搞一块。都分掉了，就剩我们一组。……我们五六户啊，刚好遇到魏××和董××两个大困难户，他们不愿意分啊。那时候我们一个组，讲不分。不分就不分啊，然后我们就讲，那我们就在一块干啊。……怎么干啊？他们是困难户，没人干，老的老，小的小，男的还在外工作，没人干！都是些女的，怎么干？！（THU070205ZSD）

即便有的农民希望能够分田到户，私下纷纷议论"分到户那倒是好极

3

了"，但在三十年的运动背景下，也少有农民敢在正式场合通过制度渠道表达自己的想法。

画面三

1979 年冬天借的地，接着上面来人了，有人在我们村里面，那时候叫大队了，不讲村，在大队里面开会。就组织全大队群众开会。就讲，就讨论，现在已经春天了，借给群众的地，油菜和麦子都长得蛮好的。当时大概就是中央来个政策研究中心的人搞调查研究，在我们大队里面，到山南地界，开会，叫群众讲，是集体好一点，还是把田地分到户好一点。当时叫发言的时候啊，就没哪一个讲。但是不发言的时候，在开会之前的时候，大家都在那讲，分到户倒好极了。后来就是正在开会的时候就是搞记录的时候叫人家讲，人家就是不敢讲。他们那个工作组就是讲看到了，但是最后怎么记录的，不晓得。没哪一个讲签字，注名字，没哪一个敢干的（笑）。（THU090128DJ）

回到故事开头作为包干到户"第一家"的小岗村，已有的田野调查也指出，小岗村的"分田单干"并非发生在集体化控制最严格的时期，而是在当时安徽省委推行各种不同形式的生产责任制，凤阳县已经开始实行大包干到组的背景下，一个自然而然"枝子发权"的过程。十八户农民先是按照当时的农业政策一个生产队分为两组，接下来两组分四组，四组又分为八组——此时多是父子组、兄弟组，最后干脆从大家庭进一步分到各个小家庭单独核算。

画面四

刚开始不敢分，害怕，哪个队都没有分。就是分组，我们几家一组，像我们西头都是一组的。我们这儿原来是两组，你看那个水塔，就从那儿一劈两半，分成两大组，原来是这样分的。……分开干干又不管了（不行了，干不下去了），组里头还是有人想讨巧，出力不挣钱，出力咋着？……再分小组，又扒一下子，又扒一伙，我们东头三家一组，又按组分。我们三家，一个哥哥，一个弟弟。就那也不行，弟兄也要分家啊。西头他们几家一组，原来是一个老坟的。原来是一

个村，一个村扒两组，后来又分四组，还是一个队长。又干了一年、半年想想又分了，分到户。（PKU20060225YJL）

上述这些纷杂的声音和画面只是田野中无数鲜活叙述的区区数段，它们如同小岗故事的"画外篇"，是这个相对集中、完整的故事中没有被选入的素材。但也正是这些纷繁复杂的画面，向我们揭示了中国农村改革的进程并不是简单、轻易、一蹴而就的过程，而是饱含着长久的历史渊源，同时也面临着各种现实中制度、观念和利益的束缚，由多重力量相互形塑、博弈而构成的。

在这些简单的叙述片段中，我们不难得到下面这样一些初步的印象：首先，改革之前的中国农村并不是一个没有差异的整体，由于各种历史或社会原因，农民中一样会存在各种不同的声音。其次，家庭承包责任制的实行过程不是在一夜之间完成的，这是一个相对复杂和持久的过程。在上述材料中我们看到农民提到了"借地""分到组"等不同形式的过渡性政策，以及"中央政策宣讲队"对农民意愿的发动过程。由此，我们不难得出第三点印象：国家在这样一个转变的过程中并非如小岗故事中所呈现出来的那样只扮演了"被推动者"的角色，而是更加积极和主动地参与到整个转变过程的始终。

可见，作为中国市场转型第一步的中国农村改革并不能简单地被人们所熟知的小岗故事所完全涵盖，这也是为什么本书要重新回到对农村家庭生产责任制的资料收集中去，通过那些散漫在田野中的口述材料，去重新建构出作为中国市场转型第一步的中国农村改革究竟是在何种历史背景和现实力量的推动下产生的；这种转变如何在国家和农民的复杂互动中逐步展开；以及这一重大变革给中国后续市场改革所带来的影响。

第二章
农村改革进程中的国家与社会关系

　　20 世纪八九十年代，社会科学界一度对中国农村改革抱有极大的研究热情。当时研究界的主流声音多以小岗故事为原型，认为这是沉寂了许久之后，中国农民力量的一次觉醒，是中国 20 世纪下半叶以来农民集体行动的制高点（Kelliher，1992；Zhou，1996），其结果是国家 - 社会力量交易的双赢（周其仁，1994），很多学者对中国农民的自主性及其行动能力展示了乐观的态度。

　　然而，从之后 30 年的经验看，虽然在最初几年中，农业经济和农民物质生活条件的确得到了非常规的发展和改善：在改革前 25 年时间里，农业增长率年平均为 2.2%，1978 ~ 1984 年的农业增长速度则达到了年均 7.4%，其中，1981 ~ 1984 年家庭承包制由局部到普遍推广的三年时间里，更高达 10.9%（蔡昉等，2008：30 ~ 31）。但农民自主性和行动能力却并未如学界预测的那样快速成长，农民的利益仍处于受损位置（折晓叶，1996，2005；张静，2003；周飞舟，2006）。以"小岗神话"为代表的对集体化末期底层乡村农民的行动力及其政策推进作用的描述存在着过于简略化、单一化和自然化的倾向，缺少对集体化末期中国乡村治理与底层政治更为复杂和深入的关怀与考量（赵彗星，2007；布拉莫尔，2012）。

　　尽管如此，作为中国市场转型第一步的农村改革对了解当代中国社会的运作逻辑仍然具有重大意义。不能因为从这一事件中得出的理论判断有失偏颇，就否定这一事件本身在社会发展进程中的重要价值。恰恰因为曾经的研究并没有很好地揭示出这一转变本身背后的真正逻辑和机制，我们才有必要重新回到对这一历史事件的考察当中。它不但能够帮助我们了解人民公社制度之后的集体化末期中国乡村治理的基本格局和面貌，也能够揭示中国农村改革的推动力量究竟是什么、国家在制度转型中是否只扮演了被动退出的角色、农民的主体意识和行动能力究竟达到了何种程度并以何种方式表现出来，以及国家如何在实现制度变革的同时维持自身意象的延续和统一。正是带着对上述问题的关注和思考，本书重新回到代表中国市场改革先声的农村改革进程中，通过对农村改革先发地之一——安徽省农村改革实践过程的实证研究，再现① 20 世纪 70 年代末期中国乡村既复杂、微妙，同时又充满新的可能与机遇的政治社会景象。

一　对国家 – 社会关系框架的反思

中国农村改革的已有研究，大多是从中国乡村研究中的国家 – 社会关系框架入手。正是在这样一条研究脉络下，20 世纪 90 年代前后的许多研究者认为，家庭联产承包责任制的诞生是沉寂长久之后，中国农民力量的再次凸现。当然，也有另一部分学者并不认同这一观点，而是强调国家的强制或关键性作用。但在后者的研究中，国家仍然是以一种整体性的方式呈现出来的。以米格代尔为代表的政治学家对这种传统国家的概念进行了批判，并转而强调国家在日常生活中运作的具体逻辑。

（一）20 世纪以来国家对乡村社会的不断渗透

以政权建设理论来解释中国基层社会秩序和社会变迁的学者，大都接受下述观点："在现代化进程中，后发现代化国家的现代资源总是稀缺的，需要国家动用国家的力量把稀缺的现代化资源动员集中起来，以推动国家的现代化进程。"（郑卫东，2005：73）中国自晚清政府、民国政府直至中华人民共和国成立以来演进的同时，也就是国家政权不断向乡村渗透的过程。这一过程最终导致国家统治了一切有价值的资源，形成原子化的个人直接面对"全能主义国家"（total state）的格局（邹谠，1994）。

1. 20 世纪上半叶

20 世纪上半叶，中国社会出现了急剧的社会变迁，社会政治局面呈现

---

① 斯皮瓦克认为，法国思想家在某种程度上有意无意地混淆了"代表"（represent）的双重含义——它既可以是政治领域的"代表发言"（speaking for），也可以是艺术和哲学意义上的"再现"（re-presentation）。以斯皮瓦克为代表的底层学派更看重后一种知识建构的方式。

动荡不安的态势。国民革命、军阀内战、日本入侵等造成的长期的政治动荡使得原本就不发达的乡村社会陷入严重的衰败局面，各种社会矛盾异常突出，加之中国共产主义革命兴起于乡村，这一切都使得中国乡村和农民问题成为当时国外各种社会力量关注的焦点。杜赞奇在研究中指出："20世纪上半叶的中国乡村，有两个巨大的历史进程值得注意。……第一，由于受西方入侵的影响，经济方面发生了一系列的变化。第二，国家竭尽全力，企图加深并加强其对乡村社会的控制。"（杜赞奇，2003：1）

正是在后一层意义上，汉学家们将这一历史变迁过程与蒂利笔下的近代早期西欧历史进行类比，认为中国近代以来的历史是一个国家强化自身权力、向基层吸取资源的过程。例如费孝通先生认为晚清社会以来国家对基层村庄组织就开始实施"有计划的社会变迁"（2006）；斯考克波尔提出国家强化自身能力的努力改变了社会中不同集团的行动机会（Skocpol，1998）；萧凤霞指出，乡村的权力体系已经完成了从相对独立向行政"细胞化"的社会控制单位的转变，造成社区国家化的倾向（Siu，1989）。这一变动在近代造成的一个重要后果就是士绅社会在国家政权扩张的打击下逐步解体。而这又进一步破坏了传统上以地方精英为中心的社会整合秩序（张仲礼，1991）。在杜赞奇看来，国家对乡村社会的控制主要是为了实现下述三个目的：一是实现国家政权机构和国家行政力量的向下延伸，加强国家对乡村基层的监控和动员；二是适应现代化建设的需要，确保并加强国家对乡村社会的资源提取；三是通过有效的文化整合，促进国家认同、民族认同在乡村社会的发展以及现代价值观的传播（杜赞奇，2003）。

2. 土地改革时期

"但在20世纪的上半期，这种渗透的程度仍然是相当有限的。……中国农村的社会生活在很大程度上仍然是一个相对自然的过程。这种自然过程对于普通农民而言，意味着一种常规的生活方式：用一种常规性的方法保持或改变自己的生活境遇，用一种常规的方式来进行财富的积累，按照常规来应对外部世界的变迁。"（郭于华、孙立平，2003：15）20世纪40年代中期到50年代初，全国规模的土改运动轰轰烈烈地展开则在根本上改变了农村土地所有状况的格局以及与之紧密相连的农民日常生活中的状态和逻辑。在这一过程中，"农民的斗争潜力、生产力、政治禀赋需要被培育、动员和组织，而非单纯的'解放'"（Hinton，1966：605）。"与世界上大多国家的土改不同，中国的土地改革是和伴随着中国革命尤其是中国共产党的成长、壮大过程同步进行的。共产党斗争和策略的变化，都直接影响到土地政策的变化，因此与其把土地革命和土地改革看作是地权的重新分配或进一步经济发展的制度动力，不如将其看作是共产党在同军阀、日伪和国民党军队斗争中的策略而更能解释土改中的许多令人迷惑的问题。土地改革是一场经济革命，更是一场政治革命。"（周飞舟，1996：1）

通过土改运动中发动群众、诉苦清算、批判斗争等权力技术，国家将农民日常生活中的苦难提取出来，并通过阶级这个中介性的分类范畴与更宏大的国家话语建立联系。在这个过程中，一方面通过把苦的来源归结于旧国家制度建立消极国家形象；另一方面也通过"翻身"意识等建立了积极的国家形象。"这样一种改革，诚然是中国历史上几千年来一次最大最彻底的改革。"（郭于华、孙立平，2003：1）

这种国家形象不只高高在上、令人敬畏，它更是通过介入与农民息息相关的土地政策中改变和形塑着人们的日常生活，进入农民的社会观念框架之中。在土改的发动过程中，"革命者通过宣传、组织或符号操纵，不仅在外在制度上，在乡村基层社会建立了新型统治，而且还细致地努力建立起足以治理常规行为模式和日常心理认同的权力技术和组织机制。在这些特定的权力技术和组织机制下，大量原本不关心政治的农民日益主动地成为新制度的一员"（李康，1999：3）。甚至国家的历史和逻辑已经进入农民的生活事件之中，成为其确定生活基本记忆的串联，换言之，国家观念已经被广泛地用来作为乡村社会行动的依据（方慧容，1997）。

3. 集体化时期

进入社会主义改造和集体化时期之后，国家对社会的控制可以说进一步增强了。许慧文在研究中指出，人民公社时期的国家用了税收政策、物质回报、偏袒性的关系等巧妙性的方法塑造经济风貌。通过这些刺激，国家引导农民选择集体化以满足其个人利益。虽然与苏联相比，这并不完全是一个压迫执行的过程，然而运动的主体显然是国家（Shue，1980）。

当然，并非所有研究者都认可改革前中国乡村社会已经建成"总体性社会"的说法。例如，赵文祠（1984）通过对村干部行为的描述提出，国家本身也深受中国社会尤其是其中传统的影响。许慧文（1988）通过对中国乡村社会的结构的考察，描绘出一个国家和农村社会逐渐重塑对方的过程。戴慕珍提出了乡村庇护主义的观点（Oi，1989）。陈佩华等在研究中注意到国家不间断的意识形态斗争教会少数农民采用政府的政治辞藻为自己赢得个人好处（Chan Anita，1992）。倪志伟则认为在人民公社时期农民的社会生活也有一定程度的自主性（Nee，1996）。简言之，这部分研究者认为：尽管国家力量强大且宣称代表人民利益，但二者的要求始终互为进退，国家不可能无限制地行使权力。尽管如此，上述学者大都承认，"通过把党支部建在村庄里，社会主义国家政权向乡村的渗透至少在形式上超过了以往任何一个朝代，标志她实质成功的实证之一就是乡村提供了中国工业化起步发展的巨额原始资本积累"（郑卫东，2005：74）。

在国家-社会关系的研究视角下，20世纪的中国是一个强大国家权力被树立起来的过程；相对而言，村庄共同体的行动则存在于相当有限的狭小范围内。20世纪八九十年代学界掀起对农村改革的关注，正是因为这一变迁过程貌似打破了这样一种长久以来形成的国家-社会关系格局。

（二）农民"无意识"联合的推动

在20世纪70年代末的中国农村改革之前，中国研究中的强国家-弱社会的研究范式都得到了普遍证实。中国不仅符合克莱斯勒对强国家的定义："能够重塑所处的社会、文化"，"改变经济体制、价值、和私人群体间的互动模式"（Krasner，1978：56）；而且在强制性的力量之外，也具有合法性上的支持，"组装了新的社会结构，达到了葛兰西所谓的市民社会中的'霸权'支配"（Krasner，1978：XIII）。另一方面，中国的社会力量则极其弱小，不具有米格代尔笔下其他第三世界国家中存在的国家力量之外的强大社会纽带或联系，为农民的行动提供替代性的规则、符号和意义（Migdal，1988：25）。包产到户在农村地区的出现，让研究者们看到农民自身的行动与联合的可能。

华生最早在研究中就指出，农民由于不满在生产队中低下的收入，联合起来催生了变革的发生。"变革的脚步是被来自下层的压力所推动的，农民将中央原先设定的改革不断推向前进。"（Watson，1983：705）不仅如此，"生产责任制创造了新的经济联合体的形式。这些经济联合体由农民拥有并运作，相对独立于已有的行政结构"（Watson，1983：726）。

1. 寻找有利的行动时机

柯丹青认为农民在第三世界国家的政治研究中被忽视了，他们被视为未被解放的力量，不能影响政治进程，而只是被动的牺牲者。通过在湖北省的调查和文献研究，柯丹青指出："生活在日常的、非革命环境下的农民，比通常认为的更有政治能力。在特定的国家－农民互动情境下，这种能力不只局限在对国家政策的抵抗上，而可能具有更大的创造性，从而在实际上影响国家政策的制定。"（Kelliher，1992：19－20）

在国家的层面上，柯丹青正确地注意到，国家发展方向的转变在很大程度上影响国家对农业的政策。新中国成立初期强调社会改造目标时期，国家乡村治理的目标更多的关注乡村政治格局；在大跃进快速工业化时期，国家提出了农业服务于工业的口号，对农产品进行命令式的征收；而到20世纪70年代末期，经济长期均衡发展目标的提出则要求最大限度地调动农民的生产热情和积极性，以服务于经济发展的总体目标。在国家和农民之间必须寻求一种合作性的关系。柯丹青也注意到国家行动的有限性。这为农民的行动提供了政治机会结构。

基于这样的局面，柯丹青认为农民在这一变革过程中扮演了更为主动的角色。在中央不断松动的政治机会面前，农民个体都开始选择有利于他们摆脱贫困的行动。由于大批处在相同情境下的农民在同一时间采取了相似的行动，因而最终改变了国家政策的制定。所以，他认为农村改革的过程是每一个农民个体利用国家政治结构机会寻求自身利益的"无意识"联合行动的后果，并最终超越了强大国家及其限制，在政治和社会变迁上有力地影响了国家的决策。

这一模型的薄弱点柯丹青自己也认识到了，这就是"没有社会联合，农民的愿望如何能够成为统一？"（Kelliher，1992：30）对此，他借用了极权主义理论解释道：正是由于国家社会主义结构将数量如此众多的民众置于如此相似的情境下，无数原子在同一时期向同一个方向运动成为可能，从而为发动中国乡村的变革提供了可能（Kelliher，1992：31）。这个解释的不足或许也是极权主义理论本身的缺陷所导致的，即在国家社会主义体制下，个体之间的差异性是否被完全取消了？换言之，集体化时期的中国农村是不是一个未经分化的整体？对这一问题的回答首先就存在争议。柯丹青自己也认识到长江中下游地区的水稻耕作生产更偏好家庭经营的方式，而东北机械化农场的生产方式则未必适应于家庭经营模式。实际上，正如我们在下面的研究中即将发现的，在中国这样一个广阔的范围内，不只存在着生产方式上的巨大差异，即便同在水稻经营地区，也存在着家庭结构、劳动分工、代际经历等因素造成的农民之间的分化。这也是为什么我们在引言的画面二中看到，同是追求自身利益，不同的农户对待包产到户的态度会存在鲜明的差别。

即便退一步说，假设在一个有限的地区，所有农民都具有分田到户的意愿，然而正如赖特在评价工人运动时指出的那样，我们也需要区分农民的行动利益/意愿和他们实际行动能力之间的差别（Wright，2000）。集体行动研究已经说明："为了产生社会运动，心理失衡群体必须将有利的政治结构'转化'为有组织的社会抗争行为。这个转化取决于内生组织的强度。"（McAdam，1999：43－44）正是强有力的组织力量促生了大量同质化的个人（homogeneous individuals）和他们之间的连带式互动，并使得联合体在共同的价值体系内共同向同一方向前进。反过来说，缺少强大内部组织能力、意见输出渠道和价值规范纽带的无数分散的个体的行动也只会造成骚乱而非改变国家决策的方向（Skocpol，1979；Paige，1975；Popkin，1979）。作为中国乡土社会中的一员，农民能寻找到的唯一的组织动员的核心力量或许只能是许慧文笔下的"基层干部"（cadre），只有他们才有可能扮演整合村庄行动、凝结农民意愿、代表农民发声的角色。特别是考虑到集体化时期生产资料高度集中化的特征，农民个体行动不可能越过生产队干部。然而恰恰是基层干部在这一过程中有可能扮演的重要角色被柯丹青一笔带过了，或是惧怕变化，或是反对变革（出于意识形态或担心自身权威受损），或是对政策感到迷惑不解，总之，"村庄基层干部在改革过程中扮演了微不足道的、无效的角色"（Kelliher，1992：82）。

2. 自发的非政治运动

与柯丹青的研究相似，但对农民行动能力持更加乐观态度的研究还有周凯（Kate Xiao Zhou）。在 *How the Farmers Changed China*（Westview Press，1996）一书中，周凯研究了20世纪70年代末期到90年代早期农民在经济发展过程中所起的关键作用，认为在这场政治和经济意义的运动中，"农民站在了巨大变革舞台的中心位置，利用微小的政治开放时机，掌握了自己的命运，是他们从压抑的集体农业中解放出来，从而把一场小型的实验和国家的政策结合起来，影响了国家的宏观决策"（Zhou，1996：1）。

在对包产到户的研究中，周凯指出：这是一场农民和国家之间未经谋划的斗争（unplanned struggle）。农民向往包产到户的斗争多次出现在新中国的历史中（分别是 1956～1957 年、1961～1962 年、1967 年、1977 年），在吸取前几次失败教训的基础上，农民放弃了有组织的或是向上层提交正式意见的行为方式，而采取和基层干部私下交易（make deals with cadre）及利用地方改革政策的方式达成了他们争取生产自主性的目标。周凯在此书中试图表明，农民的抗争不只是斯科特笔下的消极抵抗或逃避，他们还可能选择更加主动和积极的行动。

与柯丹青相似，周凯也不认可传统社会运动理论的假设，而认为斗争的成功与否和组织化程度的高低无关（Zhou，1996：15）。"这是一次（农民）自发的、无组织的、无领导者的、非意识形态化的、非政治运动，它很快扫除了一切阻碍，成为中国发展的新动力。"省级和国家的领导者都是在农民自发的行动之后予以支持或认可，因而"与其说中国的政治领导者在发展的关键时期（指改革初期）指引了方向，不如说他们顺应了这种方向……"（Zhou，1996：1）。

与柯丹青相比，周凯更少强调中央政府发展方向的变动给农民留下的政治行动空间，而更多的注意到基层干部在这一过程中与农民的合谋。然而如果只注意到生产队一级的干部基于个人物质利益增长的考虑与农民隐瞒上级部门，"私下"分田，周凯的理论仍然无法解释从生产队行为到整个国家政策变动之间的关系。事实上，在集体化 30 年的历史中，一些地处偏远山区的生产队由于交通不便、相对隔离于外部世界，一直私下实行家庭经营（中共安徽省委党史研究室，2006b；王立新，1999），但无法改变整个国家的农业发展方向和政策。这也从反面说明，缺少从生产队到中央抑或地方政府的沟通渠道，农民自发行为远不能达到改变中央政策的能力水平。

由此看来，以华生、柯丹青和周凯为代表的研究者更多的是被农村改革进程中呈现出来的农民行动在先、国家政策变动在后的现象所吸引，认为这是农民在集体化背景下"无意识"联合推动的结果，而忽视了农民内部的分化，以及从农民个体的意愿到最终的集体行动之间存在的鸿沟。从个体行动到制度层面的转变过程与渠道机制在他们的讨论中被不同程度忽视了。与上述研究者将农民形象单一化和孤立描述的取向不同，本书更注重的是农民在利益和价值取向上由历史和社会原因所造成的分化，以及这一群体与其他力量之间更加微妙和相互制衡的权力关系。

（三）国家巨手的推动

并非所有的研究都对农民的行动能力抱有如此乐观的取向，也有部分研究者强调了国家在推动农村改革过程中扮演的不可或缺的角色。韦伯认为国家是宣称对领土及其居民实施控制的强制性团体，它建立在科层制度和理性法律的基础之上。20世纪七八十年代兴起的国家中心论在对韦伯概念批判继承的基础上提出了"国家自主性"（State Autonomy）的概念，认为国家是一套在某种程度上协调一致的行政、治安和军事组织，是一套自我维持和自我保护的组织体，具有自身的利益属性和偏好，而不仅仅是利益竞争的公共舞台、竞争力量的裁判或支配阶级的工具。所谓"国家能力"（State Capacities）是指国家按照自己的偏好和利益，以特定的行为方式，对自身目标加以系统表达和推进的能力（Skocpol，1979）。

1. 国家的强制力量

一些研究者认为家庭联产承包责任制不过是高层官员给农民强加的一种强制性变迁，而绝非农民重新返回家庭农业的一场自由性的浪潮。例如，哈特福德以其田野资料为例指出，在家庭责任制在全国铺展开的阶段，国家的作用相当显著，江西省某生产队的农民在回忆1981年分田到户的经历时这样叙述：基层干部们参加了公社会议后向村民们宣布了新的政策；他们并没有宣传这个制度，只是开会宣布这就是要实行的路线（Kathleen Hartford，1985）。

安戈也以自己搜集的资料证明，大多数中国乡村的改革是由自上而下的推动展开的。在其收集资料的28个样本中（18人来自广东省，10人来自其他9个省份），到1982年，有26个实行了承包责任制，但其中24个村的村民表示该村的改革完全是由上级部门决定的，仅有两个村的村干部和农民表示自己在决定采取何种经营形式上发挥过作用，另外26个村的村民完全是在被动地等待上级政府的命令（Unger，1985）。安戈得出结论说，农民在这场变革中并没有起到很大的作用，甚至在政策的执行过程中，农民不但是被动地执行，还有被政府强制执行的嫌疑。

上述二者的研究都试图通过实证材料说明，无论改革的结果是否受到欢迎，改革进程本身是由控制整个变迁过程的国家机器施加到农民身上的。本书认为，尽管不可否认在某些地区推进联产承包责任制的过程中，国家可能扮演过更为强硬的角色——特别是在全国统一铺开的政策后期；然而国家的这种行动能力并非一以贯之的，上述研究显然忽视了国家内部结构的分化，以及在市场转型初期国家自上而下的政策改变所面临的结构屏障与合法性基础。

2. 根本的结构性作用

另一些研究则认为国家如果没有在这一过程中完全处于支配地位，也起到了相当根本的结构性作用。如戴慕珍就认为在市场转型的过程中，"由群众路线带来的信息的向上流动，并非源自农民自下而上的努力；而是国家自上而下的像开启或关闭阀门一样加以调控"（Oi，1989：228）。

中国也有研究者指出："中国改革前最突出的体制特征是政治、经济、意识形态三位一体，没有权力结构的变化，任何体制性变革和创新都难以进行。1978 年的农民自发改革，如果没有中共十一届三中全会的重要背景，其命运很可能是 50 年代中期以后历次改革的悲剧重演。因此，这次始于农民自发兴起的改革之所以取得重大成功，根本的原因在于国家领导层权力结构的重大变化以及在指导思想上对传统社会主义的理念发生了重大的变化。"（中国经济改革研究基金会、中国经济体制改革研究会联合专家组，2004：7）。

上述研究虽然颇具洞见地指出了国家在市场转型过程中充当的最终决定性力量，但只强调了国家最高决策层意志和方向的转变，以及这种转变的根本意义，而忽略了在具体实践过程中，国家不同层级所面临的历史情境，以及转变过程本身的具体机制。

3. 地方政府的力量

崔大卫的研究比较有代表性地提出了省级改革者在贯穿农民和中央意志间所起到的不可忽略的作用。在对周凯的评论中，崔大卫反问道，既然农民对家庭经营的向往早已有之，为什么只在 1978 年前后，这一愿望才得以实现呢，而且那些最穷的地区并不是包干到户最早的发源地呢？崔大卫指出："关键的解释变量并不仅仅是农民利益或内在力量，……由于改革进程在由改革者领导的省份发展最快，而在保守派领导的省份没有成功，所以省级和中央的改革者在去集体化过程中起到了至关重要的作用。没有他们的支持，变革不会发生。"（Zweig, 1997：6）

因此，对中国农村改革更完整的解释必须要考察农民和市场取向的改革者之间的关键性的联合是如何发生的；同时，这种联合如何在具体运作和实践过程中，克服来自国家及社会力量的张力，最终上升到新的、统一的国家意象层面。然而由于田野材料上的局限（崔大卫的田野工作主要在江苏省和黑龙江省两地进行，而这两个省都并非包产到户最先发生的地区），崔大卫只能用二手材料，通过各省在推行包产到户政策上时间差的比较，提出这一关键性的设想，而无法对国家的不同层级在推进这一改革的过程中具体扮演的角色做出详尽的描述和分析，这不能不说是其研究中的一个重大缺憾。

以国家为主体展开的研究向我们揭示了：（1）国家是有生命的主体，它具有自身的文化价值、物质利益和行动意志，在对社会变迁的考察过程中尤其不能忽视作为行动者主体的国家推动作用；（2）国家的自主性在很大程度上依赖于一个完整的科层政治结构，这是国家意志加以顺利贯彻的重要组织工具；（3）由上述两个原因造成的国家及其组织机构的自利性，导致国家为维护自身利益的行动取向。

（四）对国家概念的反思："社会中的国家"

然而上述两种研究取向的共性在于：试图在国家与社会的连续体中寻找农村改革的所谓"终极推动力"，而忽视了社会经济的发展原本就是国家-社会协同作用的结果。事实上，在农村改革的过程中，国家权力既非被动地遵从与撤出，也不是凌驾于社会之上的行动巨人，而是在重重历史与现实社会网络的嵌套下寻找可资利用的话语和资源，从而在原有治理框架陷入僵局的背景下开启制度转型的突破口，并在此基础上重塑国家形象与能力。在国家概念的使用上，本书借鉴了米格代尔对第三世界发展中国家形态的分析：国家与社会不可能完全独立与凌驾于对方，或是单方面地主导社会变迁的方向与形式；而是在互相碰撞、摸索与形塑的过程中不断调整自己的目标、结构与规则。米格代尔对传统国家理论的批判主要表现在如下几个方面。

第一，在那些持国家-社会二元观的研究中，国家被表现为连贯一致的、整体性的、目标取向的机体。国家与社会的关系被切割为规则的制定者与规则的接受者、支配与被支配的关系。事实上，国家并不是一个固定的意识形态整体，而是嵌套在各种社会力量之中的一种网络状的权力关系。社会中的国家面对着各种层级的社会组织——家庭、宗族、社团、企业、部落、政党——及各种庇护关系。国家与社会是一个相互形塑的过程。"这种认为只有国家创造或应当创造规则，并采用强制手段使人们遵守这些规则的假设，将大量存在于人类社会中的协商、互动、抵抗最小化和碎片化了。"（Migdal，2001：13－15）

第二，国家并不是无差别的整体，而是在具体环境中生成的具有不同运作方式的各种片断。因而，国家对同一个议题或问题并不生产出一个单一的、无差别的反应。在行动的特定环境结构下，不同部分或片断之间或是彼此联合，或是与外部群体联合，追求各自的目标。这些实践和联合推进了各种规则体系的出现，并且通常与国家自身的官方法律规则有所不同。正是这些"联合"、"同盟"或"网络"，模糊了国家和社会之间的鲜明边界。由此，米格代尔希望建立一个新的"有关国家的人类学"——因为人类学总是关注社会中的微小的部分，米格代尔希望对国家的考察也能够引入这种细微的划分与观察，去考察国家与社会关系中国家构成的不同部分在各个不同领域与各种社会力量的联盟、合谋与斗争，以及国家内部各部分之间的关系。

在其研究中，米格代尔尝试性地将国家划分为四个层次。

第一层次，地基（the Trenches）。国家等级的最底层，在政治堡垒的地基处，是处理日常行动的基层官员。这一层级所面对的压力不只来自上级部门。相比于国家中的其他部分，这一层级更多的与社会力量发生面对面的接触与抵抗。

第二层次，分散的各职能部门（the Dispersed Field Offices）。这一部分包括弥散在国家各个地区的中间层级的部门。它们主要对地区性的事务负责。

第三层次，中央职能部门（the Agency's Central Offices）。各部门之间由于自身的利益取向，也会存在差异和张力。

第四层次，支配的最高点（the Commanding Heights）。米格代尔认为这个层次的国家是传统政治学关注最多的领域，但没有系统地分析权力最高点本身所具有的各种限制。这种限制可能来自社会力量、国际影响，甚至国家形象本身要求的一致的意义体系本身。

第三，正是由于已有的理论将国家视为一致的、无差别的、目标取向的整体，因而过多地强调了国家的能力及其在取得固定的目标和贯彻政治政策时的行动能力和效率。国家领导者之所以将国家塑造为全能者的形象，是为了使被支配者在日常生活中能够将这种统治视为理所当然，并顺理成章地接受这种支配。而事实上，如果我们承认国家是由嵌于社会中的有差异的部分组成的，就应当认识到国家权力在推进自身意志的实际运作过程中必然面对诸多阻力和限制。

基于上述怀疑，米格代尔提出了新的国家的概念：将国家界定为一个权力场域，以暴力的使用和威胁为标志，由"意象"（image）和"实践"两个方面所形塑（Migdal，2001：16）。要理解国家，就要从两方面着手：一方面是在国家理想状态下体现出来的国家的一体性；另一方面是在实践中呈现的国家各个部分之间规则的多样性及其松散的联系。所谓的国家悖论就是在这些碎片化的实践的同时，保持国家形象的完整性和统一性。国家内部及其与社会的动态的互动构成了二者之间的张力。国家不再是一个固定的整体，而是不断建构和再建构的过程的产物。这也是为什么过程取向，而非静态结构取向的研究在米格代尔的理论中占据更加重要的位置。

在这样一个相互牵制的权力网络中，米格代尔预计会出现两种可能的结果：（1）各个不同领域中的复杂斗争导致分散的支配，其中国家或其他社会力量都无法达到全国性的支配，国家的各个部分各行其是；（2）在另外一些情况下，各种斗争的结果汇聚为一个统一的支配体系，政策在全国范围内得以一致推行（Migdal，2001：100）。如果说在米格代尔研究的第三世界国家，更多的出现第一种情形，那么在转型时期的中国，我们则更多的看到了第二种情形的出现：国家意志仍然得到了统一贯彻，国家的政权结构和治理意象也依然得到了巩固和延续。这就使我们不能满足于米格代尔提出的强调社会力量制约国家行动的"社会中的国家"模型；而要进一步注意到中国在市场转型的过程中，国家如何在各种复杂的利益斗争、意识形态话语以及既有政治结构之下，继续维持稳定的国家控制力与汲取力，并通过新的合法化话语的再造维持国家意象的延续和统一。

二　农村改革过程中的"国家人类学"：划分与联合

社会科学界对 20 世纪 70 年代末农村改革的热情在很大程度上伴随着对农民力量的殷切期许而来，又在等待和失落中逐渐淡去。或许正如已有的研究所指出的，作为中国农村改革典型的小岗故事原本就是一个建构的结果，真实小岗与作为符号的小岗之间原本就存在着太多的差异（赵彗星，2007）。如果我们只将小岗视为一个文本，会发现从饥饿的驱动开始，到生存温饱得以解决结束，故事的着眼点始终是农民，国家层面的力量只不过是一种模糊的形象。但若我们跳脱出这种小岗叙述的模式，而将这种叙述看作变革过程本身的产物，就会发现国家是一个无法绕过的议题。已有的研究虽然也提到国家的作用，但更多的是将国家视为铁板一块的整体，而没有注意处在各种力量对比和复杂利益关系之中的国家也会分化为不同的部分，各自有其行动的压力和边界。

借鉴米格代尔对国家层级的划分，本书认为处于集体化末期的中国存在着类似的四个层级——这种层级上的划分并不对应着国家政权结构的实际层级划分（如大队、公社、县、省、国家等），而是指国家力量在实际治理过程中展现出来的四种片断，各个层级之间并没有截然清晰的区分和界限。例如，公社一级的干部，如果在实际治理过程中更多的认同其乡土社会身份，那么相对于更高级别的国家官员就可以被视为基层干部；但如果其更多的认同国家规范制度，则可以归入科层制官员的层级。

在图 2-1 中我们可以看到：国家治理的地基处，也就是第一个层级，是很多学者在研究中已经注意到的基层干部（Cadre），他们在某种程度上作为乡土社会的一员，与农民发生面对面的日常接触。基层干部与农民之间的权力关系构成了国家支配关系中相对独立的村庄共同体。第二个层级是弥散在公社、区、县等各层级的科层制官员，他们更多的受到科层制结构和国家规章制度的限制。第三个层级类似于米格代尔提出的各中央职能部门，在集体化末期的中国，对国家发展方向持不同意见的派别在影响国家的高层决策过程中发挥了超乎寻常的作用。国家的第四个层级，也就是国家的最高层级是国家政策制定的最高决策点，也是米格代尔意义上国家形象和符号的代表。

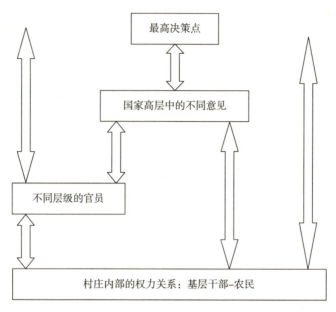

图 2-1 国家层级中的划分与联合

在下文中，我们希望通过安徽省家庭联产承包责任制诞生过程中三个典型村庄/地区的材料，再现 20 世纪 70 年代末农村改革的历程。这既非单纯的农民自发或国家发动的过程，甚至不能简单地用农民和国家力量的结合来概括（李培林，2005）。相反，正如图 2-1 所揭示的，这是一个国家不同层级作为具有相应行动能力和界限的行动者，面对社会以及国家其他层级之间相互影响、牵制、妥协和博弈的行动过程。我们看到，在这样一个相互羁绊的权力网络中，无论是国家还是社会中的任何一方都无法单独行动，而必须是一个相互影响和作用的过程。如果说传统的政治学更加关注精英政治，也就是最高决策点和国家各种不同意见/派别之间的互动模式，那么本书更加关注的显然是这一权力网络中被传统政治学所忽略的那些环节，如村庄自主性与外部权力关系的对比；国家的改革派立场如何越过科层制隔阂，直接与处于权力网络底层的村庄发生关联；如何处理这一过程中出现的国家科层制内部的张力；以及在多样化的权力实践过程之中国家意象如何达到统一与延续；等等。换言之，本书强调国家意志的最终贯彻要依靠国家不同组成部分嵌入具体社会环节之中的实际治理逻辑和权力技术，而这也正是米格代尔所谓的"有关国家的人类学"的概念范畴。

在本书的第三章中，我们将进行一个背景性的考察，来探讨农业生产如何在集体化时期成为国家权力的重要运作领域；农民对这种治理方式的反应，及其给国家行动带来的后果。正是在集体化末期国家－农民关系陷入僵局的背景下，上述层级治理网络的重要意义才得以凸显。

第四、五、六三章将通过安徽省包产到户过程中前后相继的三个典型案例，来展现国家权力网络中不同片段的运作。就村庄内部而言，这三个个案可以说是相互独立展开的；但是在整个安徽省农村改革的浪潮中，它们又是环环相扣和紧密相连的。

第四章通过展现一段村庄抗灾自救的口述历史，在考察村庄内部权力关系（层级治理的最底层）的同时，探究村庄自主性与外部力量之间关系的对比。

第五章通过考察村庄所在的公社被安徽省委确定为包产到户试点的过程，具体展现改革派领导如何将群众的意愿发动、凝聚和建构起来的过程，以及这一过程中所面对的科层制压力及其化解。这也是对国家不同片断嵌入社会治理的具体环节中的种种实践形态的考察。

第六章则试图说明在推进各种形式生产责任制的实践过程之中，改革派领导者如何通过树立符号小岗这样一个典型，将农民的生存需求转化为国家治理符号，从而使得经历重大社会转型之后的国家仍然达到意象上的延续、统一和完整。

在这三章中，我们会看到国家改革派的意志如何从国家权力的末端寻找到转变的契机，并一步步将其上升到国家政策的层面。通过对这样一个过程的展现，本书在第七章中进一步探讨了社会转型过程中的国家－农民关系，重新反思了国家自主性概念，并具体展现了农民主体对这一过程所赋予的意义。

三　研究方法

中国农村改革的过程是一个多方互动、复杂微妙的历史进程，因而研究方法和研究地点的选择对我们最终能否真正揭示中国改革的逻辑起到至关重要的作用。本研究选择了在安徽省农村改革过程中起到过重要推进作用的三个典型案例进行调查，主要采用口述历史资料与文献档案资料相结合的资料收集方法，在资料分析上采用了底层史观的研究思路和视角。

（一）研究地点与资料收集

在中国农村改革已有的经验研究中，存在两个方面的不足。

一方面，许多国外的研究者由于田野进入上的困难性，并没有选择真正具有代表性的地区进行研究。如柯丹青对湖北省的研究、崔大卫对东北和江苏省的研究等，都在一定程度上限制了作者的可能发现与对历史进程的深入分析。为了能够更好地揭示中国农村改革的发端，笔者认为我们有必要回到在全国范围内率先展开农村改革的地区。安徽省与四川省是中国20世纪70年代末率先展开农村改革的两个地区。其中，安徽省更是无论在先导性、典型性，还是在推进作用上都更加突出。就时间上而言，安徽省的农村改革更早于四川。① 邓小平在南方讲话时曾指出中国的改革是从农村开始的，农村的改革是从安徽开始的。从典型性上来看，安徽省是地处中原腹地的农业大省，在国家农业政策的制定和实施上历来都扮演了非常重要的角色。如1962年的"责任田"、1978年的"包产到户"、20世纪90年代末的农村税费改革等都率先在安徽实行，并继而影响了国家整体政策的制定。此外，正如本书开头所提到的那样，安徽省的凤阳小岗已经成为这段历史的一个无可替代的符号，在推进包干到户乃至整个中国农村改革进程中都扮演了极其重要的角色。

笔者作为安徽人，在田野进入、语言沟通、情感纽带、资料收集等方面都具有得天独厚的优势。在笔者收集资料的肥西县城、山南镇、馆北村和合肥市郊区，都是由熟人带入进行调查，为笔者田野工作的顺利展开提供了很大的便利。在黄花村和小井庄，共通的江淮方言也使得双方的交流不存在太大的障碍。而在进一步交流之后，相似的社会文化环境、接近的地理位置，甚至偶尔发现双方共同认识的熟人，很快为接下来的深入交流提供了更大的可能。

另一方面，尽管也有一些研究（赵彗星，2007；陆益龙，2007；贺飞，

---

① "1978年春天，在他（邓小平）出国访问路过成都时，对当时四川省委第一书记说，在农村政策方面，你们的思想要解放一些，万里在安徽搞了个《六条》，你们可以参考，并亲手将一份安徽《六条》，交给了他。不久，四川省委制定了关于农村经济政策的十二条规定。"（周曰礼，2006：739）

2007）对安徽省包产到户的典型村庄小岗或其他村庄进行过调查，但是正如我们在引言中已经看到的，小岗村的出现并不是一个孤立的现象，而是与当时整个安徽省更大的改革局势和背景息息相关。因而这种村庄内的民族志研究并不足以揭示当时农村改革上下推动、前后相继的复杂过程，甚至由于缺少了一些至关重要的背景，还可能会出现理解上重要的偏差或者说无法对某些现象进行解释的情况。这就要求研究者跳出孤立的村庄民族志考察，而是从作为中国农村改革发端的省份的角度来再现这一复杂的历史变迁过程。

当然，由于研究精力所限，本研究没有选择对整个安徽省农村改革的前后进程完整再现，而是选取了在安徽省农村改革进程中具有重要推进意义的三个典型村庄或地区进行多点民族志研究。这样一种研究方法使得我们不是局限于某一个个案的描述和分析，而是围绕着中国农村改革这样一个重大历史事件的产生、发展和运作，跟随事态的演变和发展从一个典型田野地点流动到另一个田野地点。这样一种田野地点的流动不是随意的和无序的，而是蕴含着中国农村改革本身的逻辑和脉络，为我们理解国家各个层级在嵌入具体实践过程中的种种联合与推动做出系统性的尝试和努力。

这三个个案分别是：在 1978 年旱灾中展开生产自救，实行"包产到户、四定一奖"的安徽省肥西县山南区黄花村；1979 年 2 月被安徽省委确立为"包产到户试点"的肥西县山南区山南公社（调查地点包括山南镇、小井庄、馆北村）；以及今天为人们所熟知的、作为农村改革符号象征的小岗村所在的安徽省凤阳县。

对这三个地区的资料收集包括口述历史材料和一般性的文献材料（文件、档案、二手资料等）两个部分。

前两个地区的口述历史材料是笔者从 2006 年 1 月到 2007 年 10 月期间，先后五次赴安徽省肥西县进行田野调查收集所得。这五次田野调查经历分别是：2006 年 1 月至 2 月，2006 年 5 月，2007 年 1 月至 2 月，2007 年 7 月至 8 月，以及 2007 年 10 月。进行田野调查的地点包括：安徽省肥西县委，安徽省肥西县山南镇，安徽省肥西县山南镇小井庄、馆北村，安徽省肥西县柿树乡黄花村。这些村庄或地区都在安徽省农村改革的开始阶段起到了重要作用。此外，为了从普通村庄的角度来对比考察这一转变过程，笔者还选取了合肥市郊区的蜀山村进行对照研究。所有研究资料的被访者名称都进行了匿名处理。

凤阳县的口述历史材料部分参考了北京大学社会学系 2007 届硕士研究生赵彗星（导师：王汉生教授）2005 年 10 月至 2006 年 5 月赴凤阳县进行调查的口述历史材料集《语言：乡土中的历史》（未出版）。引自该书的口述历史材料在编码上都标有 "PKU"，如（PKU2006022502），以与笔者自己收集的口述历史材料相区别（编码为 THU **********）。

除了口述历史材料之外，书中也引用了一定篇幅的文献材料。这部分材料主要包括：中共中央及安徽省委文件、已公开出版的相关领导人口述历史材料、历史档案材料等二手文献材料。

（二）口述历史学方法

口述凭证（oral testimony）自古有之，远古传说和歌谣就是其形式的一种。随着文字的出现和文献资料的兴起，口述凭证日益失去其在学术和研究领域中的地位。直到第二次世界大战之后，现代口述历史学方法才得以复兴。其标志一般被认为是 1948 年哥伦比亚大学口述历史研究室（Columbia University Oral History Research Office）的建立。其最初冲动在于寻找更多的真实、一手经验以及目击证人，"通过对过去事件亲历者的访谈，达到历史重构的目的"（Perks & Thomson，1998：Ⅸ）。然而逐渐的，这种追寻事物"原本面貌"的实体论倾向被削弱了，越来越多的研究者指出，"口述历史并非要用其所发掘的'事实'去替换先前的事实。而是要让人们接受这样一种观念——尽管这种接受可能并不情愿——历史本身具有某种开放性"（Portelli，1991：Ⅸ）。

长久以来，书写历史是统治阶层、社会精英与知识分子的特权，似乎只有他们最接近历史和真相本身。"有谁在倾听那些被束缚者，被压迫者，被遗弃者，被剥削者，被征服者，被放逐者的声音？那些在石头上铭刻碑文、树立石碑、在纸草、羊皮和纸张上书写文字的人们却无法让他们的言行被记载。被我们称为历史的东西却包含着比泛黄的老旧地图更多的未知领域。让我们想象一下这些无尽的沉默并沉浸其中，正是这些沉默划定了所有知识的边界……"（Touraine，1981：217 - 218）。以英国社会主义者保尔·汤普逊（Paul Thomsen）为代表的口述历史学家对那些"被历史湮没"（hidden from history）的普通民众的经验和声音的关注，已经日益成为当今口述历史学方法的主要潮流。

　　相比于文字材料，口述材料的特殊价值不在于它能够更好地保存过去。相反，就事实本身而言，口述材料必然是经过加工的。这原本是所有材料的共性，只不过书写的神圣性往往让人们遗忘了这一点。然而与传统历史学研究漠视这样一种已存的权力关系不同，口述历史学不仅承认群体记忆在叙述历史过程中与事实本身的分离（departure），而且将这种"分离"本身作为研究灵感的重要源泉。研究者所关注的不止于当时到底发生了什么，还有当时人们想做什么，认为自己在做什么，以及现在看来当时做了什么。发生在叙述者之外的事件和叙述者内心的情感之间产生了微妙的融合，这种融合是一种全新的"社会事实"。在这个意义上，传统社会科学所强调的"客观性"及其对"主体性"的遮蔽被倒置了。所谓主体性是个体用以表达其自身历史感的文化形式和过程，它同样拥有其自身的客观法则、结构和图示（Portelli，1991：IX）。归根结底，叙述与事实的分离正是叙述者主体所在。已经发生的事件在群体的记忆中被不断地加工、阐释和改变，在此之上逐步形成自己的意义价值体系，并最终作为一段传说、某种象征或特定的符号表达着群体的意愿和梦想。换言之，口述材料的可信或者说"真实"是一种心理层面上的（psychologically）真实。因为它表达了这段历史的讲述者们所共享的梦想、愿望、欢乐和痛苦。在这些"误识"和迷思的背后，是讲述者自身的情感，他们对事件的参与，以及事件本身对其造成的冲击和影响。

　　对意义和主体性的关注也意味着研究双方关系的改变。传统的社会科学要求研究者以一种外在、客观和公正的姿态去评述社会事件的原因、过程和结果，并以一种"全能全知"（omniscient）的第三人称身份出现在研究作品之中，将自身视为真理的代言。在口述历史研究中，研究者和被研究者则在平等的基础上，带着各自互不相同的知识类型进入某种"批判性对话"（critical dialog，见弗莱雷，2000），并生产出一种新的知识类型。他不再标榜自己的独一无二性，而是一种开放的可能："群体成员本身承担着生产知识的目标"（Dubet，1996：61）。叙述者不但回忆过去发生的事件，而且可以发表自己有关过去事件的解释。而研究者的任务则是投入研究对象所处的社会情境之中，再现社会历史的"多重声部"，将他人（other）作为主体加以表达。

布迪厄曾经指出：社会学不仅是一组抽象的关于社会结构的概念，也不只是一套数量化的统计方法（Bourdieu，1999）。口述历史的方法或许仍然是一种边缘性的尝试，然而社会科学中的许多其他学科也做出了相似的努力，如人类学对意义的探讨及其对研究关系的反思（James，1986）、教育学中"对话教育"理念的提出以及将成人教育视为一项为争取自由而进行的文化行动（弗莱雷，2000）、文化研究中的底层学派及性别研究对主体感受的关注等。正如意大利口述历史学家波特利所说的：在今天社会高度发达的情形之下，不同的方法论之间并不是互相取代的关系，它们更多的只是相互影响，并履行各自的职责（Portelli，1991）。

（三）分层的历史与底层叙事

底层学派的视角对传统的历史叙事方式进行了解构和反思，强调历史是由基于不同立场上的分层叙事共同构成的。当我们发现对同一历史事件存在彼此不同甚至尖锐对立的叙述文本时，重要的不是证明哪一种历史叙事更加"真实"——因为从根本上而言，任何一段历史叙事都是人为加工、阐释的结果——而是去思索和探讨这些历史叙事背后的权力关系和主体策略。

1. 分层的历史叙事

传统历史叙述方式一般都以某种宏大的概念体系为基础，并相信这些概念能够恰当概括政治历史的演变过程。但这种以概念为基础的宏大叙述往往不会考察语言背后的社会历史情境。因此，以波考克（Pocock，1971）为代表的剑桥学派提出了"政治论述的历史"（the history of political discourse）概念，认为历史叙述的作者是在对语言的不断取舍和运用中充分展现其意图和历史角色的，并主张将文本重新置于历史情境中，让作者及其活动的空间实现互动，从而能够从另一个角度洞察政治"语言"意义的发展。

杜赞奇（2003）在对中国近代华北基层政权的研究中，曾提出"复线的历史观"（bifurcated history），即历史并非直线进化的，而是历史表述根据当下的需求，从过去和当下寻找自己的意义支持。不同历史表述存在着冲突，但最后取得优势的历史话语反过来会影响人们的认知。

李猛（1998）曾对此提出尖锐的批评，他说："历史并没有分叉，分叉的只是叙事。许多时候，即使在同一个事件中，不同的生活现实也仿佛擦肩而过，互不理睬。这些分层的叙事错综复杂地纠缠在一起，但又保持着清晰的等级制。"在由不同"地层"堆积起的历史金字塔上，居于顶层的是那些文化和政治精英；在更低的历史地层，就会发现那些沉淀的众多民众，沉默而又鲜活。

郭于华在研究中特别强调："口述历史的任务在于以不同的立场，倾听无声的底层发出的声音，记录普通生命的'苦难'历程，书写从未被书写过的生存与反抗的历史。……在其中，普通农民能够自主地讲述他们的经历、感受和历史评判。……我们的努力将致力于从普通人的日常生活中构建历史（making history from everyday life of common people），即记录和重现'苦难'的历史，并从中洞悉文明的运作逻辑。"（郭于华，2008：65）

2. 如何书写底层的历史

表面上看，民众似乎不需要"再现"和"代表"，可以自由地言说，甚至创造出自己的知识形式。然而正如福柯所言，所谓"权力"就是"一种阻碍、禁止和取消这种言论和知识"的制度，知识分子既是这种权力机制的内在组成部分，同时也可以与权力展开斗争，进而为民众的言说开辟新的空间。在福柯和德勒兹的规划中，知识分子其实具备了另一种形式的"代表"作用，民众依然必须借助知识分子开拓的管道才得以发声（福柯、德勒兹，1998）。

在知识、权力和底层民众关系的问题上，斯皮瓦克承接了福柯和德勒兹的问题并担忧：当原本具有多样反抗形式的民众被知识分子建构成一个统一的大写的主体的时候，知识分子本身可能共谋将他者塑造成自我的阴影，就此而言，底层不能发出自己的声音（Spivak，1988）。事实上，民众的政治及其意识是一个"自主"的领域，它既不产生于精英政治，也不依赖于精英政治而存在（Guha & Spivak，1988）。在与权力的遭遇、抗争和博弈过程中，底层政治往往会表现出流逸、分散而又多变的气质，当知识试图去捕捉它时，往往不是将其塑造为僵化的雕塑，就是流失在迷离的一片散沙中无可自拔。

正是由于被压迫者的反抗形式变化多端，斯皮瓦克（1988）指出，我们不能把他们建构成一个统一的整体，而是需要尽可能地保持彼此的差异和多样性。因此，与那种统一的大写主体不同，研究者应当更注重突现

"被压迫者"灵活游移的权宜立场和基于不同背景与利益的政治诉求。

因此，斯科特（1990）在探讨底层政治时采用"隐藏文本"（hidden transcript）和"公开文本"（public transcript）两个概念，这是理解和探索底层民众的叙述方式的重要概念资源。他指出，所谓公开文本是指从属者与那些支配者之间公开的互动。作为权力关系的外表，这一文本具有心照不宣的表演性，权力双方可能会出于各自利益，采取伪装、监视、程式化和仪式化等策略，在错误的表述上达成沉默的共谋，从而建构出一套共同的"公开文本"。隐藏文本指从属者发生在权力舞台背后的话语、姿态和实践。在这个避开监控的私人领域中，权力关系表达的官方文本被从属者以创造性的方式所推翻。隐藏文本的概念之所以重要，是因为从历史上来看，底层政治由于其自身所处的独特环境，与民主政治的逻辑和组织形态大相径庭。底层政治并不采取公开反抗的形式，而是让明显的意义隐藏其真实意图，并尽量不在公开文本中留下痕迹。在多数情况下，斯科特认为，支配者和从属者都熟悉自己圈子内的隐藏文本，保持这种文本的私密性，并共同建构着公开权力关系下的官方文本。

可见，与精英史观相比，底层史观主张历史上未必存在笼罩一切的、完整的意识统治。对底层历史的探讨势必需要引入多元化的历史叙事和比较，并从中探讨底层政治多样化的表现和要求，以及在此过程中呈现的与权力关系的复杂互动。

3. 从文本到权力：对分层叙事的解读

李猛（1998）曾深刻地指出，人民创造了历史，但是，这是谁的历史？如果对人民的探问目的只是为写一部更好的帝王历史增加更多的素材，那么那些曾经被拒绝理解的人仍然不过是被囚禁在目光更敏锐的历史监狱中罢了。所以，对口述史资料的收集和知识建构并不是要"粘合历史的碎片"、"填补历史的空白"或"治疗充满病患的历史"（郭于华，2008），而是通过对这一文本的再现，去理解普通人的生活逻辑、情感和意义世界。

口述史学家在对历史文本的权力解读上已然做出了极好的努力和尝试。意大利口述历史学家波特利（Portelli，1991）在《路易吉之死》一文中，记载了对一个工人的死亡事件出现的官方和群体记忆的几种截然不同的叙述形式——或是扭曲了时间序列的新闻报道，或是充满想象的史诗般的华丽叙述，或是将其单纯地视为一场意外。波特利指出，事件和回忆之间是一种同构异形的关系。之所以对相同的事件产生不同的叙述，是由于所有的叙述者都是在自己的立场上，以独特的语言策略对这一事件进行加工、阐释和呈现。读者不能因为这种叙述与事实本身的背离而否认口述历史的独特价值。恰恰相反，从叙述者和事件的关系，叙述之间的相似与不同，以及叙述者用以普遍化先前事件的范畴等，研究者可以透视出叙述者如何在特定的权力关系和立场下，将个体经历与社会情境联系起来，对过去发生的事件赋予意义，更重要的是，人们如何解释自己的现实生活和周遭世界。

底层研究尽力从精英史中挽救底层的历史，但研究者却不可把底层史视为单独的领域，因为任何一种历史叙述从权力关系的角度而言都是相互重叠和依赖的。因此，本书在写作方法上的最大特点就是通过将文献历史材料和口述历史材料并置，再现集体化末期中国乡村社会的复杂面相和国家－农民关系的相互投射与交映。这种并置并不是为了证明哪一种类型的材料更加"真实"，而是希望通过展现二者之间的差异，透视出将自己置于不同立场上的叙事者的利益、情感和价值。正是这些不同立场和力量的相互角逐与形塑，为我们重新审视那样一段历史提供了新的洞见与可能。

四　生产责任制相关术语的界定

在进入正文讨论之前，我们有必要区分一下农村家庭联产承包责任制的几种不同形式。类似于责任制、大包干、包产到户、包干到户等术语，在今天的语境下经常会被不同程度地混用；然而回到当时的历史条件中，这些不同的名称却作为生产责任制的不同形式，出现在历史上的不同时期，并存在一些较为根本的差异。下文将对这些生产责任制的术语进行简单梳理，以免在论述过程中造成不必要的误解和混淆。

生产责任制是一种最普通、最宽泛的表述，它指个体或小组承担具体工作中的某一部分或环节，包括专业承包、小段包工、分组作业、联产计酬、包产到户、包干到组、包干到户等都是责任制的不同形式。

诸如专业承包、小段包工这样的责任制形式在集体化时期就存在过。这种责任制是指将生产队中适合个体或有专业技术的人从事的劳动作业，如喂养牲口、理发、木工等，由生产队指派专人负责并记工分。这种责任制形式与后来责任制的主要区别在于它并没有在产粮和收入之间建立直接的关联，所以又被称为非联产责任制。

集体化末期在安徽省少数地区出现的包产到组、联产计酬等办法则将农户的收入直接与产粮挂钩。这种联产计酬的责任制办法是集体化末期农业生产陷入僵局的情形下，一些地区进行的尝试性做法。

> 马湖是包产到组，因为忌讳单干，所以就不敢突破这个圈子，所以当时是到组。那个组实际上来讲就是过去的大家庭，三五家子，二三十人，三五家子都是比较亲的，就是过去的大家庭，都是一分开就是家门对家门的，自然成了一个组。（PKUFY06051901）

这种责任制方法的特点是将生产队划分为若干小组进行劳动，小组的产量与小组成员的工分挂钩，不过仍然保留生产队统一计划、统一分配的前提。

"包产到户"是当下人们叙述农村改革时期使用比较多的一种说法。实际上，农村改革历程中出现的所谓"包产到户"与后来的农村家庭责任制还是有实际差别的。最明显的区别就在于包产到户是将生产队的生产任务平摊到田亩上，再将田地承包给每个家庭，并按照田亩给每个家庭记工分。在这种体制下，虽然也有"超产奖励"，然而由于生产队本身的管理角色并没有被取消，所以粮食产出的绝大部分仍然要上缴，由生产队按照工分实行二次分配。在某些地区，这种包产到户的做法又被称作"四定（三定）一奖"，即定土地、定工本费、定工分、定上缴以及超产全奖。1962 年在安徽省出现的责任田、"五统一"（生产指标和主要作物安排计划统一、包产部分分配统一、大农活和技术活统一、用水灌水统一、抗灾统一）也可视为包产到户的一种形式。

"大包干、大包干，直来直去不拐弯。交足国家的，留够集体的，剩多剩少都是自己的。"这句民谣现在成为人们理解农村改革内容的最形象的表述之一。很多人误以为大包干就是指后来实行的农村家庭联产承包责任制，实际上"大包干"是与"小包干"相对而言的。大包干的"大"是指"包干到组"，小包干才是我们今天意义上的"包干到户"。

从"包产到户"到"包干到户"，一字之差，却有实质上的差别。包产到户只是将生产队的生产任务承包给农户，却仍然保持生产队制定生产任务、享有生产资料、集中和分配劳动产品的作用。而包干到户的"干"是"彻底"的意思。它实际上将土地和生产工具全部分给农户，取消了生产队的职责，由农户直接向国家交农业税和公粮，并完成集体的提留任务。实际上，1978年《中共中央关于加快农业发展若干问题的决定（草案）》中规定的"不许分田单干，不许包产到户"就是针对包干到户和包产到户这样两种不同的家庭责任制形式的。

从"包产到户"到"包干到户"的转变在安徽省农村改革的历程中并非一步到位。在很多地区，中间经历了短暂的"大包干"也就是"包干到组"的生产组织形式。包干到组，或者说"大包干"，顾名思义，就是将一个生产队分为几个生产小组，它们独立承担生产、分配和上缴任务，一个生产小组通常由3~8户组成，通常是几户关系不错的村民或原本就是一个大家庭。

1979年春，安徽省凤阳县开始推行包干到组的责任制形式，后来为人们所熟知的小岗村就是在这一背景下，将"大包干到组"继续向前推进为"小包干到户"，并最终成为"家庭联产承包责任制"的重要形式之一在全国普及开来。

通过以上区分可以看出，专业承包、小段包工这样的责任制形式早在集体化时期就曾作为劳动作业的一种组织方式存在过。在集体化末期，安徽省部分地区率先出现了"包产到组、联产计酬"的责任制形式。而在农村改革时期，又先后出现了"包产到户、四定一奖""大包干：包干到组""小包干：包干到户"等逐步深入的责任制。最终，"包干到户"，也就是我们今天所说的"家庭承包责任制"，作为统一的农业生产方式，在全国得到确立。农村生产责任制的不同形式及其在历史上大概对应的时期见图2-2。

尽管图2-2只是对生产责任制各种形式的一个相对简单的线性划分，然而它对我们把握安徽省农村改革的整个进程还是有所帮助的，通过图2-2我们能够更加清晰地把握安徽省农村改革不同时期的阶段性特征。例如，在集体化时期已经存在着类似小段包工、专业承包这样的非联产计酬方式。到集体化末期，部分地区利用政策缝隙，开始实行"包产到组，联产计酬"。在安徽省改革过程中，家庭承包责任制也并非一步到位，而是在实践

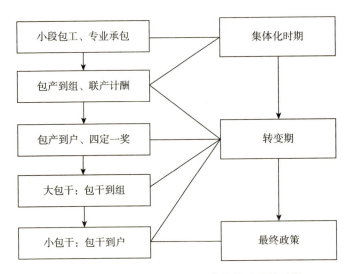

图 2 - 2　生产责任制的不同形式及其对应的时期

过程中经历了"包产到户"、"大包干到组"和"包干到户"等逐步深入的
具体形式之后,以家庭联产承包责任制的形式,作为最终政策在全国农村
加以推广。

第三章
乡土社会的集体化改造及其后果

在进入对安徽省农村改革过程的具体考察之前，我们有必要先进行一个背景性的考察，了解人民公社时期，农业生产领域如何成为现代国家重要的治理目标，传统的乡土社会经历了何种改变，以及农民对这种变革的应对与调适。更为重要的是，在集体化末期，这种治理方式面对着何种境遇，国家和农民关系呈现何种状态。这些是我们研究中国农村改革发端无法绕过的历史背景。

一 乡土社会成为国家改造的重要目标

"权力与生产发生关联并不奇怪，因为所有的政权都会由于财政需要而关注生产。"（李放春，2005：247）然而在传统社会中，权力对生产的介入程度是非常有限的。赋税和徭役制度是皇权与农业生产发生关联的主要渠道，权力对生产的关注更多的以祈雨、祭天、春耕等象征性的形式来表现。

现代国家的出现，在一定程度上改变了传统权力对生产控制的方式。这种控制的增强并不单纯表现在税收政策或利益分配的经济角度（Shue，1980）；也不能只从国家连续发动的大大小小，此起彼伏的"运动经济"、"群众大会"和"阶级斗争"等政治活动中得到证实（黄宗智，1998；程秀英，1999）。伴随着土地革命和新民主主义革命的完成，1956年之后的农民生活实际上是向日常生产转移。国家出于"常规化治理"的考虑，需要建立起一种基于日常生产和生活进程的合法性，展开诸如制订农业生产计划、配置劳动力、督导具体生产过程和节奏等活动直接介入生产过程。

如果说在土改时期，国家通过"打土豪，分田地"在政治和经济两个维度上，强调农民作为一个"阶级"与"地主阶级"的对立（何江穗，2001）；在社会主义改造时期，国家区分了资本主义和社会主义（合作社集体化）这样两种不同的农业发展道路；那么在1956年社会主义改造之后，这种分类框架变成了"落后的小农生产方式"与"现代机器大工业生产"之间的对立。传统农业生产方式因其"狭隘"、"分散"和"落后性"，无法与新时期下人民公社化运动的目标相一致，因而需要被加以重新改造和建设。[①] 农业现代化和工业现代化、科学技术现代化与国防现代化一起，成为国家在新时期下的重要发展目标和运作基础（《毛泽东文集》，1999：207，268）。

对农业的现代化改造一方面是常规化治理时期，国家在日常经济生产过程中建立起的新目标；另一方面，这种改造又不只是出于经济效益方面的考虑，而是具有更进一步的社会与政治改造的意涵。"落后的农业经济反映而成一种农民的狭隘的村落主义、乡土主义。"（李大钊，1984：875）"无产阶级"不但代表了生产方式和政治上更先进的阶级，其本身还具有某种意识形态上的"先进性"。因此，"无产阶级领导农民运动有双重任务，即不仅要支持帮助农民反对地主阶级的斗争，同时还要加强对农民的教育，克服农民的狭隘思想，而代之以先进的无产阶级社会主义思想"（列宁，1972：641）。由此可见，国家在乡土社会建设"现代化农业"的努力不仅要在农业社会中，建立起机械化的农业生产方式；还包括对与之相对应的人心与社会观念层面的改造。

作为国家在乡土社会中新的合法性基础，建设现代化农业的目标在之后的三十年中，一直没有中断。然而在农村地区实现机械化的生产方式则在很大程度上依赖于工业对农业的支援（王耕今、孙德山，1959）。但是"大跃进"之后国家优先发展重工业的政策导向，导致大部分农村地区不但没有建立机械化农业的物质条件（除了东北的部分地区），反而成为国家实现快速工业化的重要资源来源。经济上被剥夺的状态抽空了乡村工业化的基础，由此一来，国家在农村的现代化改造在很大程度上只能被架空到对

---

① "为了大力发展我国的农业生产，……使农业与工业的发展更加协调，工农联盟更加巩固和发展，使我国农业赶上和超过一切资本主义国家，就必须逐步实现农业现代化。……要使我国农业在公社化的基础上，逐步实现机械化、水利化、化学化、电气化，广泛运用现代科学技术。"（王耕今、孙德山，1959：23）

文化和社会观念改造的层面上。

在下文的分析中，我们将从时间和空间两个维度考察国家在后革命时代如何对传统乡村的社会观念进行重新打造。在这一改造过程中，我们将会看到现代国家对农业社会的改造远不止财产和社会关系等层面，更是对内在于农民身体和心灵之中的时间、空间概念这些沉积在农业社会中几千年的精神和意义所进行的深层次改造。这样一种权力对农业生产日常安排的管理和控制既不同于传统意义上国家对日常财政需要的满足；也无法完全等同于现代国家精细化治理的需要①；而是成为后革命时期国家合法性基础再生产和资源控制与动员的重要渠道。

（一）对乡土时间观念的工业化改造

哈布瓦赫在《集体记忆》（*The Collective Memory*，1980）中指出了自然时间和社会时间的相对独立性。自然时间，也可以叫作抽象时间或普遍时间，是外在于人类社会的一种空洞的、无意义的时间概念划分，它在各个国家、城市和地区之间具有普适的一致性。社会时间，或者叫作真实时间、历史时间，是各个群体社会生活的节奏本身。有多少种社会群体也就存在着多少种社会时间。例如学校、工厂、乡村等都具有自身特定的时间安排体系（Halbwachs，1980：103–110）。

从这个意义上而言，现代人所广泛熟悉的"钟点时间"也不过是诸多"社会时间"中的一种，它之所以能够成为现代最具支配力的计时方式，是与现代工业革命的诞生息息相关的。工业大机器生产是机械性的流水线安排，在时间上经过精密的度量并要求操作人员严格遵守时刻的划分。然而不同于工业机器生产节奏对钟点时间的严格控制，延绵几千年的中国乡土社会中并不要求农业劳动者依照严格的机械时间进行劳作。在农业生产和生活过程中，乡土社会逐渐形成了自己独特的"社会时间"观念。

1. 传统农业社会中的时间观念

农业生产面对的并非机械化了的生产对象，而是具有生物特性的农作

---

① 斯科特在对20世纪社会乌托邦项目的研究中指出：通过土地调查、人口登记、城市规划和法律条文的标准化，现代国家试图对其领地进行彻底的再组织和简单化/清晰化，以期达到对其疆域、劳动力和产品的全面控制（斯科特，2004）。

物。生物时间缺少精确的时刻划分，没有一种固定的严格节奏。这就使得农民在农业生产过程中并不用依照生产流水线节奏进行劳动分工，从事精确化、单线程的生产；相反，农业生产在时间上具有模糊性、多线程的特点。"一大早""天黑以后""打盹的功夫"这些貌似并不精确的时间单位在地方实践中却可能比精确的时间刻度更能传达出有价值的信息。"起了个大早下地干活"并不意味着早上八点整准时下地干活。"晌午时分"并不对应着某个精确的时间点。"打盹的功夫"可长可短，只要能够恢复田间耕作的体力。这种模糊性的生物时间更加适应于农业生产劳作的实践逻辑。

农业劳动不同于工业生产的另一个特点在于农民从事的并不是流水线式的标准化生产。尽管农业劳作也有简单的家庭劳动分工——但是这种分工仍然多是非标准化的初级分工。更多的时候，农民要在其日常劳作中，兼顾好几项工作——这在女性的日常劳动中尤其明显，例如妇女在种地的间歇回家喂孩子、烧饭，烧饭的时候顺便抓一把稻糠喂鸡，送饭的路上顺便采摘一些晚饭食用的蔬菜等等。

农业时间的模糊性在现代理性观看来是一种缺乏"时间观念"的表现，但事实上这恰是符合农业社会本身特点的"社会时间"，农民在长期的劳作和生活中形成了自己的一套时间制度。其中，节气就是中国古代劳动人民订立的一种用来指导农事的补充历法，它反映了对农业劳作而言至关重要的太阳运行周期。根据太阳在黄道上的运行位置，"二十四节气"把一年划分为24个彼此相等的段落，以此反映对农业劳动至关重要的一年四季气温、降雨、物候等方面的变化。不同地区都有为人们所熟知的二十四节气歌，提示人们不同节气对应的不同气候和生产任务。

北方歌谣

种田无定例，全靠看节气。

立春阳气转，雨水沿河边。

惊蛰乌鸦叫，春分滴水干。

清明忙种麦，谷雨种大田。

立夏鹅毛住，小满雀来全。

芒种大家乐，夏至不着棉。

小暑不算热，大暑在伏天。

立秋忙打垫，处暑动刀镰。

白露快割地，秋分无生田。

寒露不算冷，霜降变了天。

立冬先封地，小雪河封严。

大雪交冬月，冬至数九天。

小寒忙买办，大寒要过年。

南方歌谣

立春梅花分外艳，雨水红杏花开鲜；

惊蛰芦林闻雷报，春分蝴蝶舞花间。

清明风筝放断线，谷雨嫩茶翡翠连；

立夏桑果像樱桃，小满养蚕又种田。

芒种玉秧放庭前，夏至稻花如白练；

小暑风催早豆熟，大暑池畔赏红莲。

立秋知了催人眠，处暑葵花笑开颜；

白露燕归又来雁，秋分丹桂香满园。

寒露菜苗田间绿，霜降芦花飘满天；

立冬报喜献三瑞，小雪鹅毛片片飞。

大雪寒梅迎风狂，冬至瑞雪兆丰年；

小寒游子思乡归，大寒岁底庆团圆。

在农忙时节，农民可能要在宝贵的几天时间中不分早晚地抢种、抢收，不能推后："清明忙种麦，谷雨种大田"——清明（农历二月底）天气回暖，要抓紧时间播种春小麦。谷雨取自"滋五谷之雨"，借此天时，农民需要大规模地展开春耕。类似的还有"麦忙不怕忙，就怕豆叶黄"——农历五月间麦收季节固然已经很忙，但是麦收加上夏种总共也忙不了二十天。而"豆叶黄"时才真正到了农人们最紧张的"三秋大忙"时节。此时农作物纷纷成熟：大豆、玉米、高粱、棉花都得抓紧收割。秋收之后，还要再翻一遍地，然后再种冬小麦。秋收、秋耕、秋种，一刻也不能耽搁。正所谓"人误地一时，地误人一年"。深谙此道的农民知道自己必须抓紧这短暂的宝贵时光，哪怕白天黑夜加班加点，也要赶在时令结束之前完成相应的农业劳作。

而在相应的时节到来之前，农业生产也无法提前进行或完成，必须耐心地等待作物的成熟或成长。哈布瓦赫在谈到时间的"社会性"时，特别指出，农业时间具有这样一种"等待性"的特点："农民必须等待，直到稻谷结穗，母鸡下蛋，马驹长大，奶牛产奶。没有任何机制能够加速这些过程。"（Halbwachs，1980：116）可见，有"农忙"就有"农闲"，忙碌之后等待作物自然成长的过程是内在于农业劳动生产本身的特性之中的。农业社会时间的这种生物节奏使得农民可以依据气候、环境、农作物长势等各种情况，对自己的时间作出弹性的安排。

> 你想干到黑，想今多出毫力，就干到黑，这个活干掉了，也照（也可以）。那时候呢，你早干完，那你就可以早去家，再忙家务。（THU060507LLY）

不同的节气对应着不同的农业生产任务，必须在相应的时间内完成各自的生产安排，无法追赶，也不能懈怠。农业生产中的仪式和庆典一样要顺应节气的时间安排，事实上，这也是"节日"一词最早的由来。刘宗迪在对中国节日起源的探讨中就发现：作为一个农业社会，中国古代的"观象授时"时代所流传下来的"节气"实际上是对与农事生产紧密相关的寒暑变化、风雨水旱、草木荣衰等自然现象的关注。由于节气的准确与否不仅决定农事的成败，甚至会继而影响社会的治乱、国家的盛衰，因此古人对节气予以特别的重视。作为农耕周期关节点的节气，往往也成为传统社会举行各种庆典和仪式活动的日子，如立春时的"藉田典礼"、冬至时的"元旦之礼"等概莫如此（刘宗迪，2006）。

> 古者，太史顺时覛土，阳瘅愤盈，土气震发，农祥晨正，日月底于天庙，土乃脉发。先时九日，太史告稷曰："自今至于初吉，阳气俱蒸，土膏其动。弗震弗渝，脉其满眚，谷乃不殖。"……先时五日，瞽告有协风至，……及期，郁人荐鬯，牺人荐醴，王裸鬯，飨醴乃行，百吏、庶民毕从。及籍，后稷监之，膳夫、农正陈籍礼，太史赞王，王敬从之。王耕一墢，班三之，庶民终于千亩，其后稷省功，太史监

之；司徒省民，太师监之。(《国语　周语》)

> 正其本而万物理，失之毫厘，差之千里。正此之道，以日冬至日始，人主不出宫室，贾人众不行者五日，兵革伏匿不行起。人主与群臣左右，纵乐五日，天下人众，亦家家纵乐五日，以迎日至之大礼。……故曰：冬至之日，立八神，树八尺之表，日中规，其晷如度者，则岁美，人民和顺；晷不如度者，则其岁恶，人民为讹言，政令为之不平。(《易纬通卦验》)

尽管后世历法与上古时期相比已经发生了重要的改变，但是并不妨碍中国传统节日中那些源远流长、世代流传的庆典、仪式与农时周期的密切关联。其中，"春节"就是最好的例证之一。传统意义上的春节从腊月初八的腊祭或腊月廿三、廿四的祭灶开始，直到正月十五元宵节结束。而这恰好是一年中万物凋零、生机潜伏的冬季"农闲"时节。无论是"小寒忙买办，大寒要过年"，还是"小寒游子思乡归，大寒岁底庆团圆"，都显示出"春节"对农业社会的重要文化和社会意涵。人们在这样一个休养生息的节日里祭祀神佛、奠慰祖先、除旧迎新、祈求丰年。这既是对一年生产结束的庆祝和间歇，也是对下一年生产开始的祝愿和准备。春节在中国传统社会中的重要地位是与其作为农耕周期的关节点密切相关的，它内在于农业劳动生产的节奏安排之中，对农民的生活世界而言具有不可替代的内在意涵。

2. 权力治理的需要与工分制的引入

农业生产是一种复杂的多线程的劳动，农民通过田间劳作、家庭副业、小手工业等各种劳动组织方式，与最终的劳动产品发生直接的联系。传统社会中农民和其产品之间的密切关系可以从农民自己的一句习语中看出："做田吃上粮，东家吃下粮。"一位七十余岁的老太太对这句俗语的解释是：

> 做田的吃头稻，给东家的稻都是二稻。给东家的稻都不是上粮，都是下粮稻，不好的粮食。(THU20070205LR)

传统社会中农业时间的安排是以农时和农事为基础，小农的一切劳动就是要确保自己一年的劳动成果除了支付赋税之外，还足以应付来年的生计。农业劳动这种复杂多样的劳动投入方式意味着除了最终的劳动成果之外，很难用其他外部度量方式对农业劳动的投入进行测量。

然而1956年之后的农业集体化改造则改变了延绵几千年的农民与农产品之间的这种关联。从图3-1中可以看出：在传统社会中，农民直接与自己的劳动产品发生关联，并上交赋税，传统国家感兴趣的只是通过一整套官僚体系和赋税制度最终征收上来的财政赋税。而在集体化时期，国家对农业生产的全面改造和渗透则改变了这种格局。"由于粮食市场的关闭、统一购买和供应的制度化，以及最重要的、粮食配给的制度化，国家把农民及产量区隔开来。"（Oi，1989：42）农民不再与自己的劳动成果发生直接的联系，所有的农业产品都归国家或者说集体所有。这极大地增强了国家的物资动员能力，因为从根本上而言，国家主导了一切基本物资的分配。但是另一方面，国家也有义务按照一种清晰、简便的标准计量方式，对农民的劳动投入进行计量，这样才能依照"按劳分配"的原则将农业产品分配到劳动者手中。

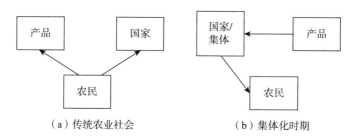

（a）传统农业社会　　　　　　（b）集体化时期

图3-1　物资流动链条的变化

正是在这样的背景之下，原本作为现代工业社会产物的"劳动日"和"钟点时间"被现代国家引入农业社会的日常生活之中。"劳动日"和"钟点时间"的使用和盛行，与现代工业社会的兴起和发展之间存在着紧密联系。伴随着16世纪以来欧洲产业工人的快速增长，劳动时间成为一种可以买卖的市场商品，资本家按照劳工的"日价值"购买工人的劳动力（马克思，2004）。同时，"为了使这些靠工钱劳动而过活的工人能准时上下班，并计算其每日的工资，时间的钟点化计算开始成为一个重要的发展趋势"（黄金麟，2006：162）。严格的分时和计时方式产生了，并成为资本控制劳动的重要基础。在现代工业社会中，每个工作日的时间安排是大体相似的，工人必须严格按照钟点时间开始劳动，遵循精确化的钟点时间刻度，并按照劳动时间领取自己的劳动报酬。

农业集体化时期的"工分制"就是国家权力在借用上述两个工业时间观念的基础上建立起来的。所谓工分制就是以劳动工分作为计量劳动和分配个人消费品的尺度，而工分的计算一般是用劳动日作为社员投入劳动的计量单位，一个劳动日表明一个中等劳动力一天完成的劳动量。在权力引入这样一种"标准化"的工作计量时间之后，小农原本模糊化、多线程的劳动时间被打破了，权力以一种更加精确的、可从外部加以观测和计量的劳动时间安排替代了传统农业社会中的时间观念。

在每个劳动日中，由生产队长按照严格的钟点时间对农民的生产－生活作息进行管理。

> 在生产队干活，哨子一吹，就要去。去迟了，就扣半分工……有时候，生产队哨子一吹，我们把小孩一夹就去上工了。干活时，就让小孩坐在泥地上，蚂蚁爬得满身都是。（THU20070129LR）

不但上工有严格的时间要求，整个劳动时间里，社员必须确保每天都在田地里劳动——记分员就负责在中饭后和傍晚下工的时候进行监督。只有通过了早、中、晚三次检查，才能算一个"劳动日"，计算相应的"工分"。

> （记分员）傍晚时候就要到田埂上记工，看你可在家里。这样算一个劳动日嘛！人不在家，他还记你工吗？就是吃过饭，出去干活，他也要望一下子。要收工的时候，也要去看一下子。（THU070205LAY）

由此造成的一个意料之外的后果是，农民的生产目的也发生了微妙的变化。

> 农民每天也就是围着工分转。没得工分就没得粮食啊。那个粮食也是靠这个工分来买，分粮食分钱。也就是讲大家都是为着一个目的，也就是工分，就是讲没工分就是没得生活了。（THU20070128DJ）

由于劳动投入不再直接以劳动产品作为回报标准，而是由国家、集体按照外在的"工作日"计算"工分"，这样一种把农民的内在劳动以外在的"工作日"进行度量的标准显然给农民的日常抵抗留下了空间。

> 出去干活就是混，反正把那个时间混掉了就回家。（THU060511NM）

3. 农民的体验与后果

对于国家而言，这样一种标准化的劳动时间的计量方式是在国家成为劳动产品的最终所有者之后，对小农进行管理和激励的一种控制方式，它可以让农民像工人一样遵循严格的钟点时间"上、下班/工"，并且便于国家对农业产品的统一调度，并最终成为国家介入并指导农事生产、安排和分配的重要基础。但是对于乡土社会而言，由于农业机械化在短期内并未建立起来，以工业社会时间观念为基础的工分制与农民的日常生活之间存在着巨大的张力。这表现在标准化的钟点时间远离农民日常生产和生活安排的需要，因而显得颇为多余和不便，甚至会影响他们长久以来有条不紊的时间安排，导致日常生活的混乱。

> 刘老家大队女社员朱先聪的故事
>
> 说某天早晨，队长已经吹响了第二遍上工的哨子，她还有三件事未来得及做：自己未吃早饭，小孩未吃奶，猪未喂食。在第三遍哨声之前的几分钟内必须赶紧做完这三件事。于是，她把小孩抱到锅台上坐着，左手搂着孩子喂奶，右手端着碗喝稀饭，身子靠在锅台边站着，右脚不时地伸进猪食盆里拌猪食。这事恰巧被她的小叔子看见了："哎哟呀，嫂子，当心你的脚被猪咬了。"接着她要拴猪、丢下嚎哭的孩子、锁门、嘴含饭跑赶去上工。（中共肥西县委党史研究室，2005：88）

传统社会中"节气和节日""农忙与农闲"的生产节奏被打破了，农业生产的每一天被赋予了相同的含义。无论农忙、农闲，刮风、下雨，作为生产队一分子的农民每天都被安排了相近的劳动或政治学习任务。

> 那时候生产队干活啊，天天有活干！（THU070109XSD）

从类似这样的抱怨声中，可以看出农民不满的并不是农业劳作本身的艰辛，而是每一天的劳动任务不再是由作物生产状况或是内在于农业生产中生物的生长节奏所决定，而是被外部权力进行了强制性的标准化管理。

甚至在农民们已经习以为常的"农闲"时节，没有农活可做的时候，农民也要被组织起来栽树、修路、建造堤坝，甚至被拉到更远的地方进行国家公共建设的服务。

> 冬天都要出去，修河坝、兴修水利，都干工程。有时候不在村里，把人拉到外地去干，都到老远的场子，几十里路远的都干过的。（THU070109XSD）

戴慕珍曾经从价值功利的角度谈到国家如何更多地利用农民的劳动力（Oi，1989：108 – 109）。

就连传统社会中最富有农业色彩的春节，其意义也被淡化了。内在于农业时间安排中那些"节日"所具有的社会价值和习俗、实践在集体化高潮时期被完全取消；取而代之的只是"日复一日，年复一年"严格组织化了的劳动安排。

> 老百姓忙到什么程度呢？一年到头 365 天，初一上午还有工分，上午一起吃一个忆苦思甜饭，那个还有工分。然后下午休息半天。（THU060507SLS）
>
> 年初一都干！那年是，1958 年时，年初一的时候，一个人给几分工，上面要求干，生产队给几个乡去栽树。（THU070109XSD）

经济学家感兴趣的是，为何国家花费如此之大的监督成本对农民的劳动进行如此细致入微的动员——除了初一下午的半天休息之外，一年三百六十四天半都要从事劳动生产——结果却是农业收益和费用指数的入不敷出，并从交易成本和博弈论的角度对这一问题给出了功利层面的回答（周其仁，1994；Lin，1990）。"物质激励"的不足固然可以解释制度集体经济的危机，但无法展现制度改造在社会规范和观念层面所遭遇的张力。集体化时期农民对生产组织形式的不满并不在于农业劳动生产本身的艰辛，而是对原有时间意义被剥夺和改造的不适与紧张:"劳动日"的安排不但打断了节气本身对应的传统乡村社会的时间节奏,而且与农民长久以来对"节日"相应价值的赋予产生了冲突,并由此导致了国家对农业时间观念的"现代化"改造不得不面临着来自农民实践观念和规范的私下抵制和日常抗争。

(二) 对生产－生活空间的割裂

国家对传统农业社会时间观念的改造并不是孤立的,而是与国家对空间的改造紧密结合在一起。正是由于国家将"生产"从原本未经划分的农业生产－生活空间割裂出来,纳入国家监控的视野之下,上文中提到的国家对劳动的"钟点化"监督才成为可能。以下,我们将以江淮农村为例,考察传统乡土社会空间观念的特点,国家对乡土社会空间观念的改造及其背后的逻辑,以及小农自身的经验和行动。

1. 乡土社会中生产－生活空间的模糊性

传统的中国乡土社会并不严格地区分生产与生活空间。房前屋后同样是生产空间不可或缺的组成部分。安徽省江淮一带农村的家庭布局通常是房屋临街,屋前还可能有一到两株果树——通常以桃树、柿树居多,这种安排既有美观的目的,也不可完全忽视其传统的实用价值。进入大门后有一个近3米高、30平方米左右的大客厅——这并不只是单纯出于家庭聚会的目的,这样一个又高又大的客厅通常也兼做临时堆放各种粮食作物的粮仓。客厅的两旁是卧室,后面是厨房。而在房屋主体的后面则通常是一个很大的后院,这个后院往往是各家各户将小农的"生存智慧"发挥到极致的地方,这里一般会有水井——提供生活用水;"茅房"——既是人的生活所需,也是为生产积蓄肥料的场所;稻草堆——农业生产的副产品,同时也是主要燃料。此外,依照各家各户的不同喜好和安排,后院里还可能有猪圈、牛圈、鸡窝,甚至还会有一个小水塘用来养鱼、养鸭。房子周围的土地则被种上自家食用的葱、蒜、小白菜(当地称鸡毛菜)或其他蔬菜。

这样一种房屋布局使得家不再仅仅是生活的空间,还成为生产的有机组成部分。当家庭里的青年壮劳力在田地进行重体力工作时,老年人或者妇女可以在家带孩子、养鸡喂猪、洗衣做饭,照料屋前屋后的小菜地。家里七八岁的孩子也会在上学的路上拾粪、捡柴、拾麦穗。

那时候我们还要去拾粪，就搞那个耙子啊，捞那个狗屎，这我们都干过的。现在的小孩根本就想不起来，根本就不知道。现在粪都没人要。那时候那个草到处砍，都没得烧，哪有草啊？连那个田里面的根，小麦茬子都扒出来了，晒干，烧锅。到秋天就上山去寻草了，去扒细柴。（THU060511XQD）

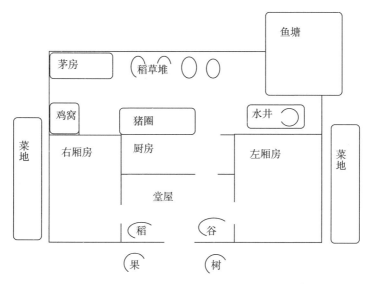

图 3 - 2　江淮地区农村家庭空间布局

这种生产空间和生活空间之间界限的模糊实际上反映了农业生产本身灵活性、日常化的特点。与工业厂房不同，传统的小农生产并没有实现生产领域从家庭领域中分离。除了田地耕种之外，一些其他日常化的辅助性劳动，如小买卖、小手艺、季节性的临时工，以及种菜、饲养鸡鸭、捕鱼和森林采集活动等，都是保障农民生存安全的重要资源。在农作物歉收或发生其他外部世界的动荡时，这些"副业"往往成为农民安全渡过危机的重要保障（斯科特，2001）。

2. 生产空间成为权力治理的领域

然而在集体化改造时期，由于割断了农民和其产品之间的直接联系，国家无法直接通过物质激励的方式调动农民的生产能力，因而就需要将生产空间从原本未经划分的生产－生活空间中划分出来，以监督的方式控制整个劳动生产过程，以此达到生产管理和控制的目的。

对小农生存方案而言至关重要的家庭副业被取消了，生产空间从家庭经济的私人领域中被剥离出来，纳入国家公共领域之中。即便有一些研究指出：在集体化的不同时期，家庭副业和自留地也曾以不同形式隐蔽地存在过（Nee，1996），但总的来说其只是作为农民一种私下的抗争方式，无法再成为农民食品获得的重要补充渠道。

> 那时候，不搞资本主义，不给搞投机倒把。那个时候家里喂的鸡啊，鸭啊，鹅啊，都不准搞，搞就犯法。后来呢，（19）69年到（19）72年期间，我去做过一次生意，到六安苏家埠贩了趟猪油。就是从苏家埠拉回来，到我们山南地区来卖。当时就被小分队发现了，发现之后就把我抓起来了。罚了六百块钱，还叫我去劳教，一个星期，到小农场里面去。小分队就是山南公社里头的，那时候不叫工商所，就是专门打击投机倒把的，叫打办室。（THU060507LZZ）

农业劳动力不再是散在各家各户的田地里从事农业生产，而是整个生产队的劳动力集中在一块或若干块相对集中的田地里，由生产队长统一安排任务，集体完成工作。

> 那时候干活跟现在不一样哎。那时候干活，就讲今天都到哪干，就都到那场子干。分配你干什么，你就干什么。假设讲，分配你放牛，那你就放老牛。哎，是这样子干法！（THU20070215XSD）

通过对生产空间和私人生活空间的严格划分，权力可以通过制订生产计划、分配生产资源、统一生产管理等方式对农业生产过程进行全面渗透和管理。集体劳动在空间上的相对集中性，也使得权力对农民的监督成为可能。在对"工作日"的分析中，我们看到：记分员分早、中、晚三次进行农业劳动的检查，只有在整个工作时间内身体都出现在工作场所中，才能计算一天的工分。农民如果要探亲、休假、赶集，都要征得生产队长的同意，才能够暂时离开生产空间。

> 准你假，才能去，到时就要回来干活。准你半天，半天就要回来，

到时候就要来家，干活，不能乱跑。（THU070205ZM）

既然生产空间是公共领域，那么并不是只有农民自己所在村庄的土地是生产空间，其他生产队的土地也一样是公共的生产空间。如此演变的逻辑结果是在集体化的高潮时期，一个生产队的劳动力可能接到上级单位的通知，开拔到数里之外的生产队"协助生产"，甚至是到离农民居住更远的地方"兴修水利"。

> 就讲今天到哪个哪个地方去干活，哎，都去了，走了离家里二三里路远，三四里路，都有的。明天那个地方活干完了，就讲再到另外一个地方去干活。（THU20070128DJ）
> 七几年，我们扒河都扒得累死了。到处都扒，有时候都跑一百多里路……这个不是干一天、两天的事情，都干一个多月哎，一个多月！带锅带被子。（THU20060511YCY）

从国家的角度而言，所有的人口、河流、土地都是其统辖的空间（斯科特，2004）。将小农的经济生产改造为国家领导下的公共生活，就使得国家对小农的身体也具有绝对的控制权。这就为集体化时期国家最大限度地实现对劳动力的动员奠定了基础。大量的农田、堤坝、河网等基础设施建设，都是在集体化时期，国家以极小的动员成本，大量调拨有效劳动力进行艰苦建设的结果。

但在小农的空间观念中，生养自己的村庄之外的地区都是从情感纽带上而言相对疏远的"他者"。在江淮地区农民的说法里，"在家"指的是在本村。相应的，去村庄以外的地方赶集、上学、打工，被叫作"不在家"。这里"家"的含义不再是私人家庭的居住场所，而是一个同时包含了生产与生活空间，与自己的生命、生活血肉相关的乡村共同体的概念。由此，如果说在小农的生存逻辑中，"在自家（本村）干活"还能够说得通的话；那么"跑上一百多里路"，到"别人家""干上一个多月的活"则显然有些荒谬了。

国家对生产空间的全面改造实际上与传统小农在长期生产－生活中形成的空间观念相去甚远。就某一方面而言，国家话语中的"生产空间"小于农民话语中"生产空间"所指涉的范围，因为前者排除了私人家庭从事生产的可能。但就另一方面而言，国家所指的"生产空间"又远远大于农民头脑中与自己生活世界紧密相连的乡村共同体的范畴。因而，在整个农业改造过程中，国家的治理逻辑不时面临着与乡土社会观念的冲突与碰撞。

3. 生产空间成为权力再生产的日常领域

现代性的一个重要特点就是经济关系从其他社会关系（家庭、亲属、宗教认同等）中分离出来（Charkrabarty，1989），因此我们或许可以说生产空间与生活空间的分离并不令人感到意外。然而值得注意的是，"西方现代政治的基本特征恰恰在于：国家对公民身体的绝对统治是以确立公民人心自由的绝对地位为前提的"（应星，2009：132）。西方现代经济关系的诞生实际上是与现代社会领域的诞生相应出现的（波兰尼，2007）。资本只购买并控制劳动力在劳动过程中的利用价值，相比于传统农业社会中的依赖和庇护关系，工人的精神世界却是相对自由的。工作时间之外的闲暇生活和自由集会成为具有相似生产经验的工人达成共识和形成联合的重要基础（汤普森，2004）。

但是在集体化时期我们看到，国家对生产领域的渗透和管理与现代工厂制度出自经济效益的考虑并不等同；在某种意义上，它更是国家权力在后革命时代在日常化的生产-生活过程中重新寻找其运作基础的结果。如此一来，国家对生产空间的控制就不仅仅是出于对劳动力身体的控制和调动的目的本身；还包括对乡土社会生活的进一步渗透，以及对小农生活世界与精神领域的重新组织和动员。通过将生产空间从传统的家庭空间中分离出来，国家在实现对农业生产过程的监督和对劳动力自由调拨的同时，也打碎了社会自发联系和生长的空间。生产过程的高度集中为国家进行日常化、不间断的政治规训奠定了基础。

> 那个时候每天早上做活的时候都要向毛主席做早请示，晚上收工的时候也要晚汇报。到田里做活的时候，首先要读一篇毛主席语录，然后再做活。（THU070128DJ）

国家对农民生活世界和精神领域的日常控制就在这样一种对劳动过程的社会改造中被常规性地塑造和确立起来。在集体化高潮时期，生产队或大队组织村里的年轻人成立专门的宣传小组，在集体的劳动空间中以唱歌、跳舞、喊口令、打快板、劳动竞赛等活动，组织、调动农民的生产积极性。

> 那时候在喊操哦，喊队哦，我都照（都干过）。我们那时候都比赛。经常在一块学习啊，唱歌啊，比赛啊，都这样干。那时候年轻，也开味（有趣）。（THU20070130DZM）

这种以身体的共同在场为基础，在相对集中的生产空间内达到身体激情的相互感染，的确使得国家的政治宣传达到一种类似传统仪式中"集体欢腾"的效果（Durkheim，2001；郭于华，2003），甚至内化为农民身体的组成部分，让他们至今仍然怀念那时的生产激情。

> 集体那时候的习惯跟单干习惯不一样。那时候人干活比现在还是热烈。（THU060514ZBT）

但是实际上，普通农民这种基于空间和身体的"政治化生产"也有一种更为复杂和矛盾的感情。一方面，在世俗化、常规性的经济生活之外，农民的确需要在日常生活之外有某种激荡人心的力量来满足其"神圣情感"的需要（Durkheim，2001）。如果说在传统社会中，这种集体激情是通过"祭祀""节日"等仪式化的方式得到释放；那么在这些传统仪式被国家取消之后，围绕在新的政治话语之下的"集体欢腾"方式确实在某种意义上占据了农民——特别是成长在新的国家话语之下的年青一代的心灵世界。

> 你在这个田里面劳动，一个小时做的事情可以做三个小时至四个小时……
>
> 当时心里也就是有这种想法哎，要过劲（厉害）一点哎……
>
> 但是实际上，心里有这种想法，做起来，一个小时做不出两个小时的活。（THU070128DJ）

但是另一方面，基本的生活理性不可能被政治激情所完全磨灭。出于生存理性的实践本能，在短暂的激情消逝之后，小农仍然要面对实际的经济生产和劳动产量——而恰是现实的经济生产本身让农民对国家不断建构出来的政治理想和话语始终保持着一些怀疑和距离。

> 搞宣传队啊，当时也有人反对。你们这些年轻人整天就搞宣传，一天到晚就是唱啊跳啊，吃什么？（THU070128DJ）

从农民的叙述中可以看出：这种政治激情和生存理性之间的纠葛始终内在于整个集体化时期农业劳动生产的改造过程之中。

4. 农民的体验和反应

通过对传统乡村社会中生产和生活空间的重新划分，国家将生产领域从家庭空间中划分出来，纳入国家治理的范围之内。生产不再只是物质产品的创造本身，而成为国家政治规训和权力再生产的重要渠道。然而，国家在生产空间中的权力对劳动空间的渗透与介入本身也存在着内部紧张与局限。一方面，这种权力对生产空间的监视并未达到全景域的监视，其监督的空间有效性是极其有限的，这显然会给农民的日常抗争留下空间。

> （集体化高潮时期晚上也要干活）看不见的时候群众就跑田里面睡着了。干部来了，都起来了。干部一走，都睡觉。当时那个干部也是分工干部，他不是全部在这一块，他到哪个地方，哪个地方的人就在干；他一走，那帮人就不干了（笑）。（THU070128DJ）

另一方面，这种权力监督并没有实现"无形化"，或者说权力的具体执行者仍然是"可见的"，是与被监督者同时"在场"的。这就导致普通农民对那些出现在生产空间之中，但并不与农民一起从事劳动生产的生产队干部产生了不满。从农民的叙述中，可以看出在一个几十户的生产队中，不仅生产队长经常外出开会、负责组织生产，还有其他一些辅助性的权力执行者也不直接从事生产：会计要负责记账，记分员要负责监督记录，"大锹把子"（水利管理员）要负责维护水利设施，等等。

> 那时候生产队队长，现在叫村民小组组长，隔三五天就要到队上、村上开会，往上叫大队，开会。那时候生产队长基本上不干活，不参

加劳动，整天到晚（脱长音），就开会。那个会计啊，还要计账，也干不到什么事情哎。（THU070205NM）

一个生产队，有三四个不干活的（笑。这个访谈对象说话很谨慎，但说到此处仍然很介意）。队长、会计，还有这个领班的嘛，记录员、记分的，天天傍晚记工，也不干活。（THU070205LAY）

那时好几个人不干活。那时候到田埂上锹水的，叫大锹把子，队长也不干活，会计也不干活。反正一个生产队，不干活的多，有五六个。（THU070205ZSD）

在这些农民日常化的表述中，我们发现了一对很有意思的概念："干活"和"劳动"。二者之间既密切相关，又有所差别。"干活"是农民基于生存伦理的日常表述方式："干活、干活，你要干了才能活！你不干事情，咋能活呢？"（THU20070128ZF）。"劳动"则是来自农业社会之外的话语措辞，但在集体化时期，"劳动"作为国家重要的话语基础被赋予了很高的道德价值和政治内涵："劳动"创造了人类社会，国家的合法性建立在"劳动人民"拥护的基础之上，等等。这实际上为农民对集体化管理方式的不满提供了直接、有效的话语基础：基于生存伦理，不"干活"意味着没有尽到一个农民的本分；而作为国家权力最具体的代表——生产队干部"不和群众一起劳动"，则意味着国家基层统治的合法性基础遭到了怀疑。

（三）对集体化时期农业"现代化"改造的反思

在社会主义改造完成之后，对农业的"现代化"改造成为新时期国家在乡土社会的主要治理目标。但是由于抽空了农业机械化的物质基础，这种改造在很大程度上被架空到对文化和社会观念改造的层面上。与落后的小农生产方式相对应的地方实践和观念都成为国家改造的目标。传统"节气"所对应的生产安排、"节日"所具有的社会意义，以及生物化时间所具有的模糊性与多线程的特点被视为"缺乏精确刻度"，可能会滋生懒散怠惰、"靠天吃饭"等心态的负面因素被国家摒弃。现代工业生产的"劳动日"安排和"钟点化时间"被引入进来，成为衡量农业生产新的时间尺度。另一方面，小农家庭生产格局也被视为落后的生产方式加以改造。家庭被剥夺了进行个体生产的权利，国家成为生产组织的发动者、制定者和监督者。

然而，由于国家优先发展重工业的政策导向，农业机械化的目标在相当长的时间内在广大农村地区并未实现。即便社会主义改造的目标完成之后，农民面对的依然是传统的劳动工具和耕作方式。换言之，这种文化和社会观念层面的"现代化"改造由于缺乏现实的物质基础，不仅与农民的实际生产方式不相适应，因而显得颇为多余，甚至荒谬；而且与乡土社会中长久以来形成的社会文化观念相冲突。伴随着那些貌似"非正式和随机的活动"①被正式制度取消或替代，农业经济赖以生存的社会意涵和根基也被动摇或削弱了，并带来了上文中提到的种种农业社会的紧张和不适应。

然而从国家的角度而言，对乡土社会时空观念的改造却具有实际的治理意涵。通过切断传统社会中农民与土地及其产品之间的直接联系，以及对生产空间的集中管理，国家成功地在乡土社会中建立起一个"拟制的工厂"。尽管这个工厂没有厂房，没有机器，也没有现代化的科学技术；但却有着细密入微的权力渗透体系。仍然以传统农业生产方式进行劳作的农民每天进入这个"拟制的工厂"中，按照严格的管理制度进行集体劳动，并完全服从国家对劳动力的调拨。同时，以工业社会"劳动日"和"钟点时间"观念为基础建立起来的"工分制"，使得仍然以传统技术进行耕作的小农被打造得像产业工人一样，按照外在的衡量标准领取劳动报酬。上述种种以"现代化"之名建立起来的乡土社会改造最终使得国家成为一切生产资料、劳动产品和劳动力的所有者。

尽管从形式上看，这一结果似乎与西方现代化进程中小农"无产者化"的经历有些类似，但是这种以权力为基础的社会改造却与资本的扩张有着本质的不同。在西方现代化演进的过程中，我们看到的是在商品经济的条件下，随着市场力量的扩大，共同体解体为个人。宗法社会中"以个人之间的统治和服从关系（自然发生的或政治性的）为基础的分配"消失了，取而代之的是"一切劳动产品、能力和活动进行私人交换"（马克思，1979：105）。小农从"狭隘人群的附属物"变成了"摆脱了自然联系"的"单个的

---

① 斯科特在对现代国家乌托邦项目的考察中指出："任何生产过程都依赖于许多非正式的和随机的活动，而这些活动不可能被正式设计在规划中。仅仅严格的服从制度而没有非正式和随机的活动，生产可能在事实上已经被迫停止。"（斯科特，2004：6）

人"，成为工业社会中可以自由买卖劳动力的现代公民，并拥有了市场经济下"以物的依赖性为基础的人的独立性"（马克思，1979：104）。但是在农业集体化时期，这种自由流动的劳动力市场并不存在。通过将作为生产主体的农民在时空上重新安排，农民被改造为集体化生产的一个环节。任何人都没有办法从这个环节中脱离出去。因为农民除了作为生产队的一员之外，别无选择。

> 那时候干部一般是上面分派的。如果下面不听话，今天马上就不给你饭吃，就像现在讲扣你工资，那时候就是扣你饭票。（THU070129DJ）
> 饭票就在队长口袋里装着，现在上班就讲扣工资，扣工资也不紧张，家里旁人还拿呢。扣你饭票就甚都没了，饭都没了。（THU070129LDZ）

"农民劳动的价值及其对产量的分享由国家决定，并且从集体获得。……单个农民的经济生活要依靠集体。"（Oi，1989：42）单个农民的生活只能依赖于生产队，但生产队也不具有完全的自主性。牛草、化肥、种子和贷款等物资调拨都依靠上级部门的发放。个体是生产队的一环，生产队是大队的一环，大队是公社的一环，而公社则是更大的国家体制中的一环。"这种社会空间是垂直性的，所有的社会关系都嵌入在最终溯及国家权力的层级之中。"（流心，2005：84）

另一方面，正如我们在前文中论述的，在西方现代化的进程中，资本购买和控制的只是工人在劳动时间之内的使用价值，工人的闲暇生活和精神世界作为其私人领域，仍然具有相当程度的自主性。事实上，自由的闲暇生活和精神世界在形成现代意义上的社会联合和无产阶级的意识认同过程中，发挥了至关重要的作用（汤普森，2004）。然而在由国家主导的"农业现代化"过程中，我们注意到，国家对生产过程乃至私人领域①的集中和控制，并不只是出于经济效益的考虑。通过将农民的身体集中在相对紧凑的公共空间内，激荡人心的政治宣讲和动员就具有了现实的场景基础。通

---

① 在集体化的高潮期，不只生产空间成为国家治理的对象，甚至生活空间也成为国家集中治理的目标："我们五八年的时候，大集体全部睡在一块，男归男的，女归女的。我当时有两个小孩，都还小，小孩是跟妈妈睡，我的小孩好哭闹，吵得旁人都不能睡觉。后来人家讲不照（不行），就让我带小孩在自家睡。"（THU20070205LR）

过展开诸如制订农业生产计划、配置劳动力、督导具体生产过程和节奏等方式，国家不仅直接介入农业劳动生产的每一个环节之中；而且通过这一过程打散了传统社会纽带和建立新的社会联系的可能，从而实现了对农民生活世界和精神领域的全面控制和动员。

集体化时期以"现代化"之名展开的社会改造项目，在相当长的时间内并未改变大部分农村地区的生产工具和技术；但却通过对文化和社会观念层面的"现代化"改造，实现了生产资料、产品和劳动力的高度集中。不仅如此，国家还试图通过对生产过程的高度集中，建立起新的政治动员和社会控制的基础。

然而，"神圣情感"和政治激情不可能完全取代农民生活的现实基础和长久以来形成的生活理性。在前文的论述中，我们仍然不时地看到农民基于自身的社会传统和生存逻辑所生发的不满和抗争。尽管在"总体性社会"的结构安排之下，这种紧张与不适无法以集体抗争的方式表现出来，但是乡土社会观念与"现代化"改造之间的紧张与冲突却一刻也没有消失过，并以日常反抗的方式积攒和凝聚起来，逐渐侵蚀着国家权力的合法性基础。

二　农民的应对与抗争

米格代尔在对第三世界农民行动的研究中指出，农民不只是国家政策被动的接受者，同时，农民对个体利益的反映或消极的抵抗能够在很大程度上反作用于国家政策的制定和执行。"争夺社会控制权的斗争不只存在于国家发号施令的上层或精英集团内，……正如社会中心能决定国家的影响范围和能力一样，社会边缘角落发生的斗争和事件同样决定着国家的影响和能量。……农民社会并不只是简单被动地接受……经济变革和国家决策，这些过程被农民社会因地制宜地改变和重构。……要想理解国家中心，你必须首先研究偏远的农村。"（米格代尔，1974：3～5）国家对乡土社会前所未有的改造和重构，必然引起农民的一系列应对行为，下文将从体制内行动与权力裂隙中广泛存在的日常行动策略两个层面来探讨农民的主体行动。

（一）体制内的行动策略及其边界

人民公社时期的政治氛围和严格管理对农民结构性行动有着很强的限制，不过这并不意味着农民体制内行动的空间被完全取消了。由于"政治运动"式的治理往往是波浪式的前进过程，有残酷斗争的时期，也有相对温和的"纠偏"时期，因此在中央政策文件中往往存在前后不一致的规定，这就为一些基层干部寻求可能的变通提供了行为依据。安徽省马湖公社在20世纪70年代中后期实行的"联产计酬、作业到组"就是在集体化时期政策允许的缝隙间进行的一种尝试。①

马湖公社位于凤阳县西南与定远县交界的边远地区，地处偏僻、生产落后。公社书记詹绍周1972年任职之后，面对农业生产超纲要的任务，感到工作棘手。从1973年春耕起，他先后采用了评工记分、小段包工等集体化时期允许采用的非联产责任制办法，然而都达不到理想的效果。于是从1975年起，开始实行"作业到组、联产计酬的工作方法"。所谓"作业到组"是指按照合理搭配的原则将生产队分为若干作业组，每组50人，劳动力20人左右。在实际操作上，就是以扩大家庭的形式生产，如父子组、兄弟组、亲戚邻居组等。

> 那个组实际上就是过去的大家庭，三五家子，二三十人，三五家子都是比较亲的，就是过去的大家庭，家门对家门的，自然成了一个组。（PKUFY06051901）

"联产计酬"是将粮油等农作物的面积、产量、工分分别落实到各组，由生产队按照各组的产量记工分酬。

在农民追求个体利益的不断要求下，马湖公社先是对经济作物（烟叶）实行联产计酬，之后又逐步扩展到粮食作物。这种责任制方式由于将"大家庭"的收入与小组的产量直接挂钩，对集体化时期政治化的"评工记分"及不联系产量的"包工"显然是一种很大的推进。而这种农民推动的生产

---

① 其他在集体化时期实行包产到组的地区还包括六安县祝墩公社虹桥大队、来安县烟陈公社姜渡大队魏郢生产队等。

责任制方式之所以能在当时提倡"大寨式工分"的政治环境下维持下来，与公社书记詹绍周对国家政策依据的寻找密不可分。

> 那时我怕倒霉也到处寻找依据，当时《光明日报》上刊登了一篇标题为《淮南煤矿以煤记资》的文章，我想我们是以产记工，人家煤矿是以煤记资，不是一样吗？1978年5月30日，《人民日报》又刊登了一篇《一份深受群众拥护的好文件》，主要反映青海省刚查县畜牧业联产分组、按产记工的事情。我将这些资料一一收集起来，以备同他们理论。（詹绍周，2006：277）

在面对县、区领导对这一生产方式的质疑时，詹绍周搬出并未被废除，但显然已经被无数场运动所遮蔽的十余年前的中央文件为自己的行动寻找政策依据。

> 我说，第一个，分到组，人民公社不是有60条①，60条里第32条允许到组，31条讲的是评工记分，按照质量和数量付给合理报酬，32条允许到组，我根据60条我有什么错？他驳我一句，说现在60条，提倡政治评分，大寨式评分，60条这个不提倡了。意思是过时了，不提倡了。我说不提倡了，可是没有讲作废了，按照道理讲，下级服从上级，全党服从中央，这是中央制定的政策，他没宣布作废，我的意思是没宣布作废我有什么错？（PKUFY06051901）

虽然占不了什么上风，但由于利用了前后相继的国家政策中存在的缝隙，马湖公社"包产到组"的尝试还是在当时的政治环境中沿存了下来。需要强调的是，集体化时期，虽然有极少数基层社会能够利用政策缝隙做

---

① 人民公社60条指1961年3月中共中央制定的《农村人民公社工作条例（草案）》，全文共六十条。条例草案针对人民公社内部严重存在的队与队、社员与社员之间的平均主义，在纠正社、队规模偏大，公社对下级管得太多太死，民主制度和经营管理制度不健全等方面，作了比较系统的规定。同年五、六月间，中共中央又对这个草案作了修改，制定了供讨论和试行用的《农村人民公社工作条例（修正草案）》，进一步规定取消分配上的供给制部分，停办公共食堂。一九六二年九月二十七日，中共八届十中全会正式通过了《农村人民公社工作条例（修正草案）》。

出有利于自身利益的改变，但最终却无法突破体制框架，继续前行。

> 马湖是包产到组，因为忌讳单干，所以就不敢突破这个圈子，所以当时是到组。（PKUFY06051901）

换言之，体制内的村庄行动仍然存在着明显的边界和限制。不过，体制内行动的有限性并不意味着在制度允许的渠道之外，农民的行动也保持着权力监控下的整齐划一。这种行动空间在一定意义上是由权力链条本身的结构所决定的。

（二）农民日常生活中的策略

在本章第一节中，我们分析了国家如何通过对农民身体在时空上的安排，达到对生产过程的控制。在图3－3中，我们表示为"生产控制链条"。从这个链条中可以看出，人民公社时期的国家并不像传统皇权或现代国家一样，主要将农业生产作为财政收入的来源提出经济诉求，而是通过对生产过程的操纵，将其作为国家治理和权力再生产的重要场域。

同时我们要注意到在农业生产过程中还存在另一个链条，即"物资流动链条"。在这一链条中，国家在物资分配上扮演了主导型的角色。所有的农业产品都归于集体而非个人，同时，国家/集体有义务按照劳动投入分配并确保每一个群众的基本生活与生产资料。

生产控制链条和物资流动链条是两个不完整的循环链条。循环中缺少的两个环节说明：在控制上，国家无法越过农民，直接操控产量的多少。在物资上，交给国家/集体的产量的多少也并不会直接影响农民的生活，因为国家有义务保障农民最基本的生存要求——戴慕珍指出，"这种最基本的确保是中华人民共和国最伟大的成就之一"（Oi，1989：143）。正是这两个不完整的循环链条相互影响和制约，为农民的策略性行动提供了有利的结构空间。

斯科特在对东南亚农民的研究中提出了农民反抗的日常形式（everyday forms of peasant resistance）的重要意义。在斯科特看来，这些日常形式的反抗通常包括：偷懒、装糊涂、开小差、假装顺从、偷盗、装傻卖呆、诽谤、纵火、怠工等。这是农民同那些索取者、压迫者之间平凡却持续不断的斗

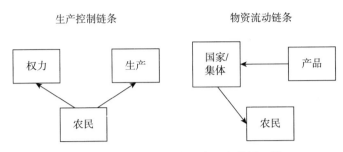

图 3-3　生产过程中的两个不完整循环链

争（斯科特，2005）。实际上，集体化时期的乡土社会一样由于缺乏制度性行动的空间，而导致农民日常抵抗策略大量存在。毛泽东在第二次郑州会议上的讲话，就清楚地揭示了国家对此并非没有洞察："一个是瞒产私分，一个是劳动力外逃，一个是磨洋工，一个是伸手向上要粮食，白天吃萝卜，晚上吃好的，我很赞成。这样做非常正确，你不等价交换，我就坚决抵制。河南分配给农民百分之三十，瞒产私分百分之十五，共百分之四十五，否则就过不了生活，这是保卫他们的神圣权利，极为正确。"[①]

在诸多形式的日常抵抗中，上述提到的权力链条的断裂为农民的日常策略提供了两种主要渠道：一是既然名义上集体生产的结果并不会直接与个体农民相关，那么最直接的逃脱办法，就是在集体生产过程中躲避权力的监控。二是私下与农产品发生关联：对个人而言是"偷拿"；对小的共同体而言，就是"瞒产私分"。

1. 对生产控制链条的逃逸

这种逃逸体现在一正一负两个层面，即在集体生产过程中尽量少出力：在干部监控的范围内，就佯装干活；干部一走，就"出勤不出力"。

---

① 八届六中全会以后，全国普遍开展了农村整顿人民公社的工作。但是，由于农村"一平二调"的"共产风"并没有刹住，再加上向农民征购了过头粮、整社过程中又对生产队干部的瞒产私分做了不恰当的处理，致使党同农民的关系日益紧张。针对农村人民公社整顿中不断发现的问题，中共中央政治局于1959年2月27日至3月5日在郑州召开了第二次扩大会议，即第二次郑州会议。毛泽东在讲话中指出，目前我们跟农民的关系存在一种相当紧张的状态，引起广大农民的很大恐慌，这是目前我们同农民关系中一个最根本的问题。参见《郑州会议记录·毛泽东同志的讲话》，载《建国以来重要文献选编》第12册，中央文献出版社，1996，第127页。

　　那三五个群众只要没干部在场子，就不干啊。他就在田埂高头坐着，他不干，那就是糊。管又管不好，一管又急。你把田包给他去锄，他就糊，随秧个子在上面飘飘搞搞。要不然那时候搞不到吃，在于这高头啊（是这个原因）。（THU070129LDZ）

　　那时北方有一种用牛拉的车子叫太平车，四个辘轳，后来改为人拉。我在砀山劳动时，像这样的车子，装了半车粪就要由4个人来拉，当时我也在其中。那时妇女为了挣一天的3分工，她们边拉车边纳鞋底。有一个人拉着拉着，队长在一边喊道："小李子，你的绳子怎么拉弯了？"（陈复东，2006：180）

但是一定要出工，因为这是集体化时期工分核算的基础。

　　大集体的时候，群众干还是干，因为你凭工分吃饭啊，你每天必须要干十个小时啊，你每天必须要出工，从早上出工，到晚上回来。早上吃早饭，中午吃中饭，其他时间全部要在田里磨洋工。（THU060511SXJ）

只要集体生产的时间一结束，农民就赶紧回家从事自留地的生产或从事家庭副业经营。

　　有些生产队大呼隆，听生产队长吹哨子呢，上工就一阵风，收工就是往家跑。只要看到日头一偏西，就想回家，去家忙私人的啊。（THU060507LLY）

　　在生产队集体干，就是混时间，来家把自留地搞好好的，自留地搞得比老公田排场多了（好多了）（笑）。自己干都是自己的嘛，集体干要分红嘛，这个那个一大堆要按工分分。（THU071030DZ）

倪志伟在研究中也注意到集体化时期，农民将较多的精力用在自留地上，而且用多生孩子的方式来"非正式"地反抗国家的粮食征购（Nee，2003）。

2. 在资源流动链条进行私下勾连

在资源流动链条上，农民也想方设法跨过集体分配的环节，直接与农产品发生关联。

（1）在个体层面上，就表现为"捎带""抓握"，甚至是"偷拿"

所谓捎带就是指在收割的过程中有意收割得粗糙一些，在集体生产时间结束之后，由各家的小孩、老人以"拾麦穗""捡稻谷"的方式捎带一些回家（高王凌，2006）。

抓握就是指农民自己在生产或者分配的过程中，"看见人家不要的，丢了怪可惜的，带点回家"（THU060514DZ）。当然也不排除顺手牵羊的做法。

至于"偷拿"，很少有农民承认自己有这种做法，但是往往会指认别人有类似的做法。一个拖拉机驾驶员就说自己年轻的时候在外面干活，自己家属在家种地不敢偷，"我不在家，没人偷。他们呢，就是各家各家都偷毫子。"（THU071030TLJ）

（2）如果说农民是"偷拿"，那么基层干部则是"克扣"

这在集体化大食堂时期尤其显著。

> 那时候吃食堂，在群众中有一句流传的话，吃二两来，饿不死队长。一个人每天供应二两粮食啊，这个队长可以得活的。（哎，对了。）吃五钱粮食，国家供应五钱粮食啊，饿不死炊事员（笑）。就是讲，炊事员做饭的时候，再搞点水搞点米糊，反正他饿不死。（THU071030DJ）

（3）在集体化生产的艰难时期，生产队层面的集体行动也屡见不鲜，最常见的就是瞒产私分

> 黄萝卜是一个生产队育苗，搁现在讲是一两亩田。那时候饿得受不住啊，我是个老百姓啊，我心头长肉，就挖一毫萝卜缨子给社员回家糊糊吃，搞犯了法，批斗我。讲我破坏生产。老百姓饿得伤心，他饿得罩不住啊（饿得受不了）。老百姓搞不到吃啊，喊他干活都走不动，不搞点萝卜缨子给他吃，他怎么干呀？……公社干部批判我，讲我搞给老百姓吃，把种子搞掉了。（THU071027LD）

在这一过程中，生产队干部作为乡土社会的一员，而非国家意志代表的形象更多的表现出来："我是个老百姓啊，我心头长肉"，"老百姓搞不到

吃啊，喊他干活都走不动"。作为每天接触公社社员的基层干部，确保其属民的生存也成为乡村精英的最高行为伦理。

通过上述个体与集体层面的行动，社员多少能够为自己微薄的口粮补充一些收入，聊以度日。然而，对于国家而言，农民之间普遍存在而长期积累的这些行动导致集体经济长期经营不善，国家粮食产量多年停滞。正如国家部分领导人已经觉察的一样："这些消极怠工的行为比上街游行、罢工所造成的危害还厉害。"（辛生，2006：228）下文我们就从国家主体性的角度来考察这些日积月累的日常策略对国家发展目标的影响。

三　陷入治理僵局的国家

人民公社时期的国家将传统小农社会视为现代工业社会的对立面加以系统改造。在对日常农业生产的组织、动员和集中过程中，乡土社会延续了几千年的家庭生产模式被打破了，农民被作为集体生产的一个环节纳入国家控制链条中。这种对乡土社会的激烈改造面临着来自乡村的种种非正式的日常策略和消极抵抗。农民的反抗行为虽然看似不值一提，然而长期、广泛、普遍地存在，却给国家农村经济的发展和社会改造目标的实现带来了极大的负面影响，到集体化末期，国家原有的治理方式和资源实际上在很大程度上已经损失殆尽。

下文将首先考察农民行动如何对国家经济社会目标造成侵蚀，接下来考察国家高层中的不同意见对此采取的应对措施，以及这些措施的失败或局限，从而再现集体化末期国家－农民关系的僵持状态。

（一）农民日常抗争给国家经济与社会改造目标造成的侵蚀

农民的上述日常行动直接造成国家农业经济的长期滞后。从1966年到1976年十年间，农业经济的平均增长率只有2.2%，1976年和1977年都出现了负增长（蔡昉，2008：31）。周其仁从经济学费用－收益指数的对比来解释集体化时期国家在制度维系上付出的代价。其中，国家的收益包括：农业总产值、农业税、当年出口的农副产品和农副加工产品、农村储蓄存款。而费用方面则包括：农用生产资料销售额、人民公社集体经济的管理费用、人民公社社员从集体经营部分得到的纯收入、财政支农资金、国家的行政和军费开支、农民从家庭副业部分获得的纯收入、农村贷款余额等。在对1952年到1982年30年数据进行加权计算的基础上，周其仁得出了国家收益－费用指数（见图3－4）。

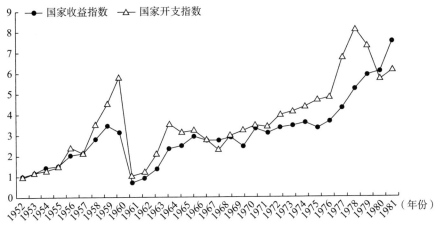

图3－4　国家控制农村的收益－费用指数

在图3－4中，三角形连成的曲线代表国家开支，而圆形连成的曲线代表国家收益。从图中可以看出，1957年之后，国家的费用指数在绝大多数时期的增长都大于收益指数。"这固然并不意味着农村体制对国家来说总是在绝对亏损的，但也意味着国家在多数年份承受着制度费用相对增长更快的压力。"（周其仁，1994：67）

与此同时，完成国家经济社会改造目标的需求又在不断快速增长。工人生产生活、轻工业市场和资本的原始积累都有赖于农业的发展；为了获取外汇资源并换取技术，农业产品也成为国家的外贸急需。这一切都依赖于基础农业的发展。然而在集体化时期，粮食作物产量增长缓慢，经济作物的生产更是遭到极大破坏，无法适应城市需求的快速增长。不仅如此，依照柯丹青对农村返销粮的估算，国家对农产品控制的相对份额从20世纪50年代到1978年出现了下滑的趋势。

（二）　国家两种意见的形成及各自行动能力的边界

就此而言，集体化体制下农民日常行动长期而普遍的存在不仅削减了国家的农业收益；更为重要的是逐步消磨了国家原有的合法性基础与治理模式。十一届三中全会的召开虽然提出了经济增长和经济管理体制改革的发展目标，但是对如何发展农业生产、促进农业经济的快速增长国家高层中却有两种不同的意见：一部分主张在延续人民公社体制的前提下促进农业生产；另一部分则主张实行更加彻底的经济体制改革。然而这两种意见在当时的社会历史条件下，在原有的制度框架下都无法通过自上而下的变革缓解国家治理的僵局。

1. 保守派挽救集体农业的措施不力

面对集体农业的发展困境，国家试图通过各种纵向政策措施支援和挽救农业经济的发展，包括：以政治运动的方式调动农业生产的积极性[①]、城市支援农村、干部对口支援、化肥和农药降价等。

> 农村学大寨啊，城市支援农村啊，干部下放干活啊，在农村集体化的时候，党也想了不少点子，出了不少力（重读），采取了不少措施，但最后就是不照（不行）。我们也到下面去干了一个月活，这说明上面从思想上是重视的，重视农村这一块。各行各业都要支持农业，采取了不少措施，化肥降价、农药降价，一直到改革开放前期，想挽救这个集体农业。（THU060507SLS）

一位安徽省肥西县老生产队长在回忆集体化时期的农业生产时，提到自己所在的生产队由于土地少，生产落后，被列为全区重点扶植对象，各种力量都汇集起来帮助当地提高农业生产收益。

> 我们家就是不照。那时候我们在山南区，在全区来讲，在全县来讲，我们这个队，是最最最差的，整个是个岗场子，没田。人口有两百人，全区就在我们这个生产队，搞重点，全区就帮助我们搞，搞不上去，那时候我也在当队长。他当会计，搞不上去。我们那时候（帮助我们的人）多了，山南街上全部都是，全部都到我们这个队来搞服务都扶不上去。（THU070129LDZ）

---

① 1977 年下半年中央召开第二次全国农业学大寨会议。

考虑到当地田少人多的地区特征，地方政府采取扶植农副作物生产的方式提高经济收益（如种植经济林、发展养殖业等），但最后都以失败告终。

> 原来那个区委书记，老张部长，在这儿搞了好几年，不照（不行），搞不上去。供销社的肥料全往我们队运得不歇（不停地往我们队运肥料），就不照（不行），田少了，运不上去啊。让我们家搞副业，帮我们家栽茶树，栽桐梓树，不照（不行）！
>
> 我们搞了一百只大鹅，那个鹅都长到三四十斤吧。给我们生产队不知道搞了多少鸭子。搞多种经营也就是讲养老猪，养小猪，没饲料，国家也供应一些饲料，就是低价的、平价的饲料，也不照（不行），死。（THU070129LDZ）
>
> 那时候各个行政部门啊，各个企业单位都要扶植一个对口的生产队。……第二个就是从多种经营方面，搞副业，就像刚才童队长讲的这个鹅，都是从外国进口的鹅。这个思想呢，就是看能不能搞到一点高的收入。但是外面来的呢，生活习惯不适应。养了不下蛋，或是讲下个蛋，不出小鹅了，那个气温条件，气候条件，环境条件不行，后来就不行了。（THU070129DJ）

其他扶植当地农业生产的政策还包括：军宣队帮助调拨物资，整顿干部作风，等等。

> DJ：军宣队那个时候还帮我们修了个电话站。
>
> DJQ：那时候大队里面缺什么东西，也从上面搞。
>
> DJ：那时候军宣队来，就是讲跟现在的反腐败差不多，（19）76年就是讲整顿党的作风。
>
> DJQ：嗯，唔唔，头一次军宣队是在……
>
> DJ：是在"文化大革命"（时期），搞军管的。后来（19）76年是支农的。（THU070129DJ、DJQ）

可见，人民公社时期农业生产的基础性地位并非没有得到国家的重视。

相反，可以说国家动用了各种方式试图挽救集体农业，提高粮食产量。然而，由于农民的主体性始终没有被真正激发出来，而国家控制集体农业的成本又始终居高不下，[①] 因此国家挽救集体农业的一系列措施终归没有收到很大成效。《中国农村统计年鉴》的数据显示：完成社会主义改造之后的1956 年，全国粮食总产量为 19274 万吨，净收购量（国家收购粮减去返销粮的数量）为 2870 万吨；之后三十年间的农业总产量一直徘徊在 20000 万吨上下，国家的净收购量维持在 3000 万吨上下，很难有进一步发展与突破。[②] 在这样的情形下，国家的改革派领导者希望能够通过自上而下的体制变革焕发农村经济的活力，但是集体化三十年形成的结构和意识形态阻力也限制了改革者的行动空间。

2. 自上而下的改革面对极大的阻力

1977 年 6 月，万里任安徽省委第一书记，并很快将农业生产作为安徽省的首要工作来抓。1977 年 11 月 15 日至 21 日，中共安徽省委召开全省农村工作会议，各地委、市委、县委书记和省直各部门负责人参加了会议。会议的中心议题就是研究当前农村迫切需要解决的经济政策问题。会上形成了《关于当前农村经济政策几个问题的规定》（即"省委六条"），包括六个方面的内容：第一，搞好人民公社的经营管理工作；第二，加速生产发展；第三，尊重生产队的自主权；第四，减轻生产队和社员的负担，分配要兑现；第五，粮食分配要兼顾国家、集体和个人利益；第六，允许和鼓励社员经营正当的家庭副业（彭森、陈立等，2008）。这一规定确立了农村经济发展的方向，鼓励农民积极从事农业生产，保护农民经济利益，尊重生产队与农户的生产自主性，对恢复安徽省农业生产的有序局面起到了重要的推动作用。然而省委六条的出台并非一帆风顺，而是面对极大的阻力和障碍，因而一些原本试图确立的更宽松的农业经济政策不得不暂时放缓。

---

① 国家集体化农业生产的控制成本包括：农用生产资料销售额、人民公社集体经济的管理费用、人民公社社员从集体经营部分得到的纯收入、财政支农资金、国家的行政和军费开支等等。

② 其中在三年困难时期，国家粮食总产量一度滑落为 14350 万吨，净收购量降为 2572 万吨。这一数据直到普遍实行包产到户的 20 世纪 80 年代才得到根本性的增长。1983 年的全国粮食总产量提升为 38727 万吨，国家净收购量更历史性地突破为 8845 万吨，比集体化时期增长了近两倍（《中国农村统计年鉴》，1986：157）。

万里的讲话只用了十几分钟。接着会议便进行分组讨论。当时讨论得很热烈，也有争论。持赞成意见的是少数，多数人不赞成，甚至提出疑问，提出这是不是社会主义？有的同志认为这不是社会主义，不符合社会主义的方向，给农民的自主权太多了，这样下去会滑坡。由于多数地委书记、县委书记都反对，因此我们感到很难办。原先我们准备在规定里再加上"联产承包""包产到户"两条，听了大家在讨论中的发言后，周曰礼提出不要再加上了。针对这样的思想阻力，万里在我们汇报情况时对我们说："稿子你们再修改修改，不要勉强。多数领导思想不通，你要耐心等待，因为具体工作是要由他们来做。如果他们接受不了，硬要他们去做，那就会好心办坏事，会搞糟的。所以像联产计酬、包产到户这些条文现在出台还不是时候，不要写到规定里去了。"……试行草案出台后，大部分地区的领导都比较能够接受了，但安庆、芜湖等地的领导同志对此仍有看法。（辛生，2006：234）

柯丹青在研究中指出，国家自上而下的变革在这一阶段主要面对两种阻力：一是国家科层制内部意见的不统一；二是保守派政治话语力量的限制（Kelliher，1992：70－77）。如果无视这些问题的存在，国家很可能会陷入内部的派系斗争或话语冲突之中无法自拔。这一点在后来苏东的转型过程中得到了部分印证。东欧国家在去集体化过程中所面临的主要问题就是如何在突发性的政治变革中应对实践历史和行动模式的延续性，对这些问题的忽视甚至在一些国家引发了灾难性的后果（Hann，2002）。正是出于国家政体和意识形态延续性的考虑，改革派自上而下的变革不得不考虑实际存在的结构张力，并继续寻求采取更加策略性的行动模式。

尽管农民的自发行为并不足以直接推动国家政策的变革；但是其日常化的反抗形式却的确消磨了国家经济发展的目标并不断侵蚀其合法性基础。作为具有自身利益和行动目标的国家主体，截至20世纪70年代末，"摆在其面前最主要的问题，就是如何从农民那里获得更多"（Kelliher，1992：51）。然而在当时的条件下，国家保守派试图在人民公社体制的前提下提高农业劳动生产效率的一系列举措并没有得到根本性的收益增长；改革派领导者自上而下的制度变革也面临着极大的内部压力和话语限制。这就意味着改革派领导者需要在另一种层面上，以更加微妙的方式，寻求制度变革的突破点及其合法性基础。

四　本章小结

在社会主义改造完成之后，对农业的"现代化"改造成为新时期国家在乡土社会的主要治理目标。但是由于抽空了农业机械化的物质基础，这种改造在很大程度上被架空到对文化和社会观念改造的层面上。然而，国家以"现代化"之名对传统乡土社会时空观念所展开的社会改造不仅与事实上仍然延续的小农生活方式相去甚远，而且也没有建立起真正现代社会意涵上的现代公民。但是在此过程中，国家却通过对农业日常生产的介入，进一步控制了农民的生活世界。农民对国家的依赖加深了，但二者之间的紧张和冲突却一刻也没有消失，并以隐蔽的方式不断积蓄。

农民一方面在制度缝隙中寻求生存，另一方面则依靠各种日常策略进行消极的抗争。农民日常行动长期而普遍的存在最终消磨了国家经济发展与社会改造的目标。国家内部分化出来的不同意见在原有的治理框架下都无法通过自上而下的变革缓解国家治理陷入的僵局。

如果说在集体化末期，无论是农民还是国家都无法在制度渠道内展开单向度变革的僵持局面下，农村改革又如何会在短短两三年之中以一种势不可挡的局势在安徽省铺展开来呢？这种变革的动力是如何被迅速调动和汇聚起来，并成为国家合法性新的基础呢？接下来的三章中，本书将通过对安徽省农村家庭责任制诞生过程的考察对这一问题做出尝试性的回答。

安徽省改革派所面对的第一个突破点是：当自上而下的制度变革无法突破科层结构与意识形态话语时，如何在国家治理的末端——村庄行动中找寻契机——这是接下来的一章中我们所要讨论的问题。

第四章

转变的契机：灾害下的政策
变通与村庄自救

黄花村是位于安徽省省会合肥市所辖的肥西县山南区的一个普通村庄。20世纪70年代末，安徽省遭遇了百年未遇的旱灾，全省大部分地区的粮食生产都受到很大影响，黄花村也是其中之一。面对灾害发生的紧急情况，国家的政策通常都会稍有松动。正是在这样的形势下，黄花村采取了"包产到户、四定一奖"等措施抗旱救灾、发展农业生产。这些在一定程度上而言村庄自发产生的自救措施，却成为安徽省委展开下一步全省性变革的契机和前奏。

一　灾害、危机与国家应对

提到灾害，尽管人们经常在之前冠以"自然"二字，然而无论是灾害的发生还是灾害的后果都与人类社会及其行为息息相关。从大禹治水、十字军东征中瘟疫的盛行，到欧洲中世纪黑死病的爆发、1876年的中国大饥荒，可以说灾害一直伴随着人类社会的发展和进步。随着人类历史进入现代文明，灾难不但没有减少，反而由于人类的骄纵和失误带来了灾难的一再上演和重现：泰坦尼克号沉没、切尔诺贝利核事故、9·11恐怖袭击、SARS病毒的肆虐以及天津港爆炸案的上演无不是人类历史上的惨痛记忆。

对于这些威胁人类生产和生活的重大灾难，个人力量日益显得薄弱。作为人类理性和社会组织最高形式的国家开始在灾难的防治、救援和恢复方面扮演了更加重要的角色。对于风险时代的灾害，国家的应对可分为两类：防治和抗击。

治水工程显然是前一种类型的代表。这是一种漫长、缓慢、艰辛但收效良久的工程建设活动，在这样一种过程中，国家的权威形象得以确立和巩固。"将天灾转为人利的水利建设活动……决不仅仅是一个水利技术问题，而首先是一个重大的社会和政治问题。治水社会的架构蕴含着的既是社会政治秩序的合法性的再生产机制（即所谓的'黄河清，圣人出'），也是中央和地方、地方和地方、国家和社会之间的利益平衡机制。"（应星，2001：357）

国家的另一种应对则是灾害已经发生之后的紧急救灾或救援。在面对瘟疫、洪水、地震等不同灾害及其所对应的社会状况时，国家需要调动不同方面的能力，并再生产出不同侧面的国家形象。瘟疫的蔓延性、无形性和流传性带来的是社会心理的恐慌，国家在此时更多的扮演一种权威者的角色：对病源进行隔离、限制人员流动、对身体进行监控等等。对洪峰的应对要求国家组织紧急修筑堤坝，这是一个极具紧迫感和"抗争"感的过程，此时，"军民携手齐心"有利于树立民众的民族热情与认同。地震的突发性和瞬间毁灭性，使得抗灾的重点转移到灾后救援和重建上，在这种情形下，国家作为资源动员和集中者的力量被最大程度地激发出来，作为救助者的国家形象也强化了民众对权力中心的依附。

人类历史上真正具有大范围毁灭性影响的灾害或许只是少数，但绝不能天真地以为灾害远离普通人的日常生活。很多时候，一些季节性、区域性、行业性的小范围灾难极有可能会突然降临，对于那些承受灾难的人们而言，这种打击同样是致命和深远的。

（一）安徽省的气候特征与多灾害性

安徽地处亚热带季风气候区，全省13.96万平方公里的面积，地跨淮河、长江、新安江三个河流，气候多变，水文复杂，在历史上就是个多灾地区。一年之中，或先旱后涝，或先涝后旱。一般来说，淮北平原和沿江一带主要是涝灾①，淮南丘陵地区和山区主要是旱灾。自古以来，安徽都是

---

① 涝灾是指洪水泛滥前后，内水在很长时间都无法排泄出去，从而产生了"大雨大灾，小雨小灾，无雨旱灾"的局面。"水灾包括洪水灾害和涝渍灾害——一般认为河流漫溢或堤防溃决造成的灾害为洪水灾害；由于降雨过多，长期积水造成的灾害为涝灾；由于地下水位过高，导致土壤水分经常处于饱和状态造成的灾害称为渍灾。但实际上很难区分，因此通常统称为水灾或洪涝灾害。"（科技部国家计委国家经贸委灾害综合研究组，2000：50）

中国重要的农产品产出地，新中国成立后一直是全国主要的产粮省之一。然而传统的农业耕作方式在新中国成立数十年后仍然没有得到根本性的改变，这就造成了安徽省农业生产在应对自然灾害上的脆弱性。

据统计，仅新中国成立后的 8 年间，安徽省就有 5 年水灾、1 年霜灾。受灾的 6 年中，平均每年受灾田地 2891 万亩，占耕地总面积的 31%；平均每年受灾人口 852 万，占总人口的 29%（中共安徽省委党史研究室，2006a：101）。其中，1949 年淮河流域洪水、冰雹、蝗虫、病疫等灾害频繁发生，尤以水灾为烈，长江流域发生特大水灾，淮河内涝造成的受灾面积达 2900 多万亩。1950 年 6 月至 8 月，淮河中上游连降暴雨，河水猛涨，安徽境内的干支流河堤几乎全部溃决，灾情非常严重。皖北淹没土地 3161 万亩，受灾人口达 998 万人，死亡人口为 489 人。1952 年的内涝灾害虽因治淮而减轻，受涝成灾的面积仍达 1142 万亩。1953 年本是旱情严重，春夏两次旱灾都延续了 50 天，但淮北仍有 367 万亩田地受到内涝。1954 年全省各地再次遭受严重的自然灾害。先是夏季雨水过多，江淮洪水为灾，全省受灾范围包括 62 个县、市，4800 多个乡，受灾人口 1350 多万人，受灾耕地 4800 多万亩，沿江、沿河高产地区多为重灾区。入秋之后，全省又有 3200 万亩耕地干旱严重。1956 年安徽又发生了严重的自然灾害，尤以江淮流域的涝灾为盛（中共安徽省委党史研究室，2006a：27～47）。

1957～1961 年，自然灾害仍然非常严重。1957 年，仅旱灾就造成粮食减产约 10 亿公斤。1958 年，全省再次出现大面积干旱，受灾面积达 1774 万亩。1959 年，全省先涝后旱，冰雹频降，农作物减产严重。安徽省粮食 1959 年开始大幅度减产，1955 年的全省粮食产量为 230 亿斤，1959 年减产约 90 亿斤，只有 140.2 亿斤。同时，农村人口增长到 3000 万，一正一反的增长造成严重的粮食危机。1960 年全省又受到寒潮、大风和台风侵袭，仅晚霜就造成淮北 540 万亩作物受冻，减收粮食 1 亿公斤，导致当年的粮食产量只有 135 亿斤，不少地方出现饿、病、逃、荒、死的现象。1961 年全省连续遭到霜、风、虫、旱、涝侵袭，以霜灾和旱灾最为严重，成灾人口约 500 万。当年全省午季作物遭两次霜冻，受灾面积 1530 万亩；秋季作物从栽种起就遭到严重旱灾，旱灾面积达 3825 万多亩，特别是江淮之间的丘陵地区受灾程度更加严重，许多田地绝收（中共安徽省委党史研究室，2006a：101～102）。

（二）1978 年旱灾引发的村庄危机

1978 年春夏，安徽省再次遭遇特大旱灾，大部分地区八九个月没有下雨，全省受灾农田 6000 万亩，受灾人口达 400 多万，大部分地区人畜用水发生困难。位于江淮分水岭的肥西县，更是重灾区之一。县内三条河水断流，124 座中小水库枯竭，2.8 万口塘干涸。全县 6861 个生产队，除巢湖沿岸部分生产队之外，有 4700 多个生产队旱情严重。全县 100 万亩农田中 70% 受灾，中晚稻绝收（中共肥西县委党史研究室，2005：18～19）。

肥西县所在的合肥地区，地处江淮之间，河流多发源于大别山余脉入境的江淮分水岭，一侧流入长江，一侧流入淮河，按说水文条件不错。然而当年，奔向长江的南淝河、丰乐河、派河、滁河、蒋口河、巢湖和注入淮河的东淝河、池河、窑河、瓦埠河、高塘湖，全部断流或枯涸，水利工程淠河总干渠亦见晒底。由于严重饥渴而饮水不洁，疾病蔓延，牲畜死亡不断，许多地方一夜间被痢疾等肠道疾病感染一半劳力。合肥农村 130 万人发生饮水困难（中共肥西县委党史研究室，2005：85）。

1. 集体生产的瘫痪

黄花大队位于安徽省会合肥市郊县——肥西县柿树岗乡，在集体化时期这里属肥西县山南区辖界，是典型的丘陵地带，当地以水稻种植为主，自然和水利资源在当时而言条件尚可。

> 水田那时候就有了，（19）76 年、（19）78 年淠史杭工程就修了。我们原来靠这边水利好，那边水利也不好。最后那个潜南干渠啊，就是六安那个老淮河，把水引过来，六几年就扒通了。除非大干，正常的都有水灌溉。（THU070109XSD）

然而由于 1978 年夏、秋接连干旱，水利工程优先城市和工业供水，导致农业用水不足，中晚稻绝收，当地的主要粮食作物中断。

> （19）78 年就不照（不行），没水，水供不应求。有时候河里这水只够城市用水。给农村灌溉，救庄稼、救粮食就不多了。（THU070109XSD）
> 当时是 1978 年，大旱嘛，一百多天都没有下雨。……粮食呢，中

稻子，就没收。（THU060511XSD）

由于夏、秋接连干旱，秋收粮食减产，如果秋种再不能顺利进行，很可能会导致第二年春季大范围的饥馑。所以秋种小麦、油菜的任务显得尤为紧迫。

1978年本来粮食就减产了，你不种毫麦，第二年春季，老百姓就没得吃了。（THU060511XSD）

然而由于长期干旱，一方面，土地很难翻种，秋种要花费比正常情况下更多的时间和精力。

拿那个锹子挖不动，就使那个榔头啊，有这么大的榔头，在这里凿一个洞，搞一个把，人就在那里打，打了不就陷一个窝子嘛，陷一个窝子就搞水浇，就挖这个土井水啊，就挑了往里头浇。（THU060511YCY）

我们家晚上都用榔头打档子，木头做的杠子，我来拿给你看，就像这个样子。有这么粗这么长，中间凿个洞，安个把。要是不打档，麦子不下去，下去了才能抓毫水分啊，然后还要搞毫铜陵磷肥。（THU070205LAY）

那时候天那么干，怎么办？那时候就是三干下田，讲三干你懂吧，没水啊，就是麦子搁下头，盖上大粪，它不得坏，它没水分这个麦子下去不得坏，那就干脆听天由命。那要老天下雨了，那麦子就生上来了，老天要不下雨，它就生不上来。（THU060507LZZ）

另一方面，花费如此大的力气，种下种子，"老天要是不下雨，它就生不上来"。花费巨大精力种下去的麦子，却由不得人的意志和行动，而很大情况下取决于天气。这与抗击洪水、修建堤坝不一样，并不是说农民多付出一些，战胜旱灾的希望就更大一些。经济理性的根本原则是最小的付出和最大的回报。现在农民面对的情况却是如果不付出，就注定颗粒无收；但是最大限度地付出，一样有可能颗粒无收。在生产队体制下，"搭便车"

现象将这一经济理性的困境愈加放大了，村庄的集体生产陷入了举步维艰的地步。

2. 谣言的产生

干旱造成的苦难是延绵的，能持续多长时间难以预测。这与其他灾害具有来势凶猛和危害惨烈的特点不同，有时候甚至很难证明这是否真的是具有"突发性"的灾害。威廉·丹多写道："量化与界定旱灾的主要困难在于它的不确定性，与一目了然的水灾截然不同。""一般来说，确定旱灾结束的日期并不困难，但旱灾何时开始，却不好确定，这与水灾大为不同。实际上，干旱持续一段时间之后，才会演化为旱灾，人们对它的判断受到身体条件、生理状况和主观感受等诸多因素的影响。"（Dando，1980：11）

旱灾持续的时间越长，给人们带来的心理压力就越大：什么时候下雨？干旱是否会结束？时间是否已经太晚，错过了农作物生长的季节？等待的时间越长，农民内心的焦躁不安也就愈烈。柯文在《历史三调》中就提到了旱灾给农民带来的情绪波动，及其对义和团运动推波助澜的影响：正是农民们在旱灾期间无所事事，再加上内心焦急和饥荒的蔓延，给义和团运动的超自然解释以传播的空间，从而使得外来势力成为人们发泄不满情绪首当其冲的对象（柯文，1997）。

焦躁和等待下的无所事事为本应在秋种期间忙碌的农民提供了时间，而普遍存在的躁动情绪则为谣言的产生铺下了土壤。

> 当时就是有个反动标语嘛，一下子就轰动起来了，然后就是区委书记亲自来抓。小孩们没得吃就搞那个粉笔在路上，小孩们，几岁小孩们，一二年级，在路上写"打倒＊＊＊"。就是出现这个问题，一下就轰动起来了。大队就向公社汇报，公社也接着汇报，就向区里汇报。（THU060511ZBY）

这样一个貌似"闹剧"的开场倒未必是一种偶然。在灾害当前的情形下，农民生活势必受到影响，不谙世事的孩童确实会因为饥饿而心怀愤懑。于是流行的政治标语的句式成为表达内心情绪的可供选择的重要（如果不是唯一）渠道。

在灾害当前的紧张时刻，出现这样一个恶作剧式的标语事件使得当时大环境下趋于缓和的政治气氛在灾害的背景下，骤然紧张起来。恰巧在同一时期，山南区委书记汤茂林和公社干部组成的工作队进入村庄，不明所以的村民议论纷纷，谁也不清楚工作队进村的目的是什么，下一步的斗争目标将会是谁。村庄中的"危险分子"更是害怕自己成为接下来政治斗争的牺牲品。

> 那时黄花也复杂。那时候搞成分论，胡老架有个军统特务，从上海下放的，还有当地的土豪劣绅，叫赵××，那时候都不得了，都怕。（THU070110QXY）

然而农民口中提到的"军统特务"和"土豪劣绅"在今天的农民看来是什么人呢？

那个"军统特务"只不过是"在上海给国民党开过小车子"（THU060514ZBY）的人。

至于"土豪劣绅"，也不过是村民们口中一个读过几年书的合肥钢铁厂的工程技术人员。

3. 自杀：恐慌的加剧

天灾未了，原本紧张的情绪，又因为标语事件的出现和国家权力的介入，被进一步推向高潮。村庄中盛行的彼此怀疑、仇恨和谣言让那些原本就被孤立的"危险分子"陷入更加孤立的境地。

尽管当时国家的总体政治氛围已经开始缓和，但是干旱下的村庄仍然酝酿着紧张的政治情绪，村庄的"危险分子"最终在愤懑和无望下选择了自杀。

> 那天晚上，赵××用他养的鸭子换了酒，叫我去喝，喊了我两次我就去了，那天是三月二十号，他担心可能要斗他。他怪我知道不跟他说。我对他讲，我跟你讲有什么意思呢，这事我是知道，可是我又保不了你。第二天，早上生产队挑塘泥，我挑到八点钟回来，看他门还关着，心想今天他还不想干了吗？推开他的门一看，他已经自尽了。事实上，不会斗他了，他的平反通知下来了。（THU070205NM）

在这里，我们可以借鉴达斯对谣言现象学的讨论。她指出："恐慌加剧意味着社会交往的衰败，社会记忆激励被看作是由一些不完善、不连贯的社会故事构成的，谣言恐慌的出现是一种无根无据的声音，然而，这样的谣言却附着在自我和他者的形象中，在好战话语中流传开来。信任从常态的基本词语中消退，建构了一种特别的脆弱性符号，导致一个人似乎失去了对行为方式的一切控制。"（达斯，2006：154）

在当时的背景下，反动标语、公安局调查、批判大会，这些不连贯的意象构成了当事人头脑中反复出现的认知片断。在彼此怀疑和不信任的状态下，正常的社会交往被割断了。当事人无法和他人（甚至是自己的朋友，见上文口述历史）通过正常的交流了解这一系列事件与自己可能的关联。在陷入孤立的沉思中无法自拔之后，对未来预期的一种完全性的恐惧感成为支配其行动的最终决定力量。

集体化时期，政权的破坏性狂热已经被制度化了，运动本身开始成为社会运作的逻辑（郭于华，2000）。灾害的到来则进一步加剧了当时社会中的恐慌气氛，从焦躁不安、无所事事，到谣言的散布和流行，以及由此引发人人自危的状态。日益紧张的经济和政治局势使得村庄陷入更大的恐慌之中，在这种情形下，国家势必要采取相应的应对措施以缓解灾情下的躁动与不安。恰在此时，权力之光和原本生活在历史阴暗角落中、无法被历史所触及的底层民众在文字记载搭建的舞台上碰面了。[①] 由于这一事件而在文字历史上留下的片语只言又给我们留下了一条通往过去的小径，引导我们回到那个被无数浩瀚历史所湮没的村庄之中，去寻找被主流历史所覆盖的历史地层的根基。

（三）国家的应对

面对严重的灾害和村庄中日益严峻的危机，国家的各个层级势必要采取紧急的应对措施，防止灾害带来的饥馑乃至进一步引发的社会动荡与不安。

1. 安徽省委：借地点麦

面对旱灾，安徽省委在1978年9月初召开紧急会议，专门研究抗旱救灾问题。万里在会上指出："我们不能眼看着农村大片土地撂荒，那样明年

---

① "如果没有这次撞击，对他们匆匆逝去的短暂一生，不可能留下片语只言。"（福柯，1999）

的生活会更困难。与其抛荒，倒不如让农民个人耕种，充分发挥各自的潜力，尽量多种保命麦，度过荒灾。"会议最后做出"借地度荒"的决定：凡是集体无法耕种的土地，借给社员种麦子；鼓励多开荒，谁种谁收，国家不征统购粮，不分配统购任务。"不管是集体还是个体生产的粮食，吃了都可以解饿，都可以度荒。"（中共肥西县委党史研究室，2005：18）

省委的这份规定是在灾害的特定条件下，在原有政策上做出的一些调整，如个人耕种、谁种谁收、不征收统购任务，等等。但是仍然有严格的限制："集体无法耕种的土地""借给社员""度过荒灾"。换言之，安徽省委所能做出的政策变通仍然是临时性的。与之前历次历史经历一样，在灾荒结束之后，国家暂时性的政策变通仍然有可能重新收紧，回到集体耕作的生产体制下。

2. 工作队下乡

工作队下乡是中国共产党在革命时期就形成的工作方法，在土改和各种政治过程中更是常见。《翻身》《十里店》等作品中，作者都是跟随工作队下乡展开田野调查工作（韩丁，1980；柯鲁克，1982）。

本斯将工作队定义为"政府或政党中，某一级别的干部组织起来暂时到下层展开调查、汇报当地的情况，监督政策的实施，并解决当地的实际问题"（Burns，1983：192），并将工作队划分为经济取向和政治取向的工作队。戴慕珍在《当代中国国家与农民》中指出，这种划分过于表面。政治运动实际上往往也具有经济目的，因此，戴慕珍依照工作队的实际影响和导致变化的能力将工作队划分为调查工作队（investigation work teams）和干预工作队（intervention work teams）。前者只是对农村中的现状进行调查；而后者对于改变乡村的面貌往往有更明确的取向和行动（Oi，1989）。尽管常见，但工作队下乡并不是一种常规的工作办法，而是国家在正常的科层体制和工作流程之外，直接深入乡村社会的一种独特的工作方法。

关于工作队到来的原因，村民们有自己的猜测。但是就当时工作组组长、山南区区委书记汤茂林的秘书，也是当时工作队成员的权巡友回忆，蹲点显然另有目标。

> 我当时是区委委员、区委秘书，还有柿树乡副书记陈义民，我们在那负责。从县直单位抽调了两个人，我们加上汤书记共五个人在黄

花蹲点。……我们蹲点主要是抓农业，就是看农业结构怎样搞法，想把群众搞富。上来呢，还是集体干，没有考虑其他东西，没有私心杂念。（THU070110QXY）

可见，当时的区委工作队下乡的主要任务并没有直接的政治运动的目的，而是为了解决集体化末期农业生产停滞的经济问题。只不过日渐严重的旱灾与村庄危机很快成为工作队亟待解决的首要问题。

3. 包产到户、四定一奖

1978 年 9 月初，安徽省委就抗灾救荒展开紧急动员之后，肥西县县委很快按照安徽省委的政策要求开始布置贯彻应对措施。在这一背景下，以山南区区委书记汤茂林为首的工作队也在其蹲点的黄花村召开村支部大会。

据党史材料记载，会上，

> 与会同志唯独对省委借地度荒的意见很感兴趣，有人说："借地度荒好是好，文件没看到（当时省委文件没有下发到基层）。"有人说："借地给群众是个好办法，但借地又要往回收，等于不借。每人不超过三分地也太少了，也难调动群众积极性。"支委王国银发言干脆："要想干好只有干责任田。"会计解正啄说："再穷下去很难说不过回头日子。万里书记提出来种保命麦，文件有没有下来，怎么搞我们也把不准。"大队主任解启福说："责任田都批判多少回了，大家考虑考虑，就是照这样干法也不能这样叫法。"（中共肥西县委党史研究室，2005：19～20）

汤茂林和黄花村的党员干部们决定将大队的生产任务平摊到田亩上，再将耕种任务承包给农户。满足了大队生产任务之外，如果有剩余，作为奖励归农户所有。后来建成的"小井庄包产到户纪念馆"中收录的"会议记录"中，这种抗旱办法被叫作"包产到户、四定一奖"。"会议记录"中这样写道：

> 包产到户、四定一奖
> 黄花大队党支部讨论秋种记录
> 时间：1978 年 9 月 15 日晚 8 时

地址：黄花油厂南仓

主持人：解绍德

出席人：略，共 27 人

会议内容：讨论秋种方案，决定采用"四定一奖"办法。

1. 定土地：全大队每人包一亩地种麦，半亩油菜。

2. 定工本费：每种一亩地生产队补贴五元，用于买种子、化肥。

3. 定工分：每种一亩地记工 200 分。

4. 定上缴：每种一亩地小麦上缴队 200 斤，油菜每亩 100 斤。

5. 奖惩：超产全奖，减产全赔。

（中共肥西县委党史研究室，2005：194）

这一政策得到了农民的极大欢迎和支持，全村农民积极投入抗旱救灾的劳动生产之中，缓解了村庄的灾情，第二年村庄午季粮食丰收。

二十一个生产队只吃到好些油啊？只吃三斤油，一个人啊，只吃三斤香油。一年当中，只吃到这些油。后来汤书记到我们这个生产队，开了一个会，第二年我们吃十五斤油，八十斤小麦，这是午季哎，这个是午季上来的。（THU060511YCY）

我们家刚好头年冬天，冬干。他从河里面挑的泥，塘里面挑的泥，把它一压，最后那个小麦长得好，一户都收十多担小麦哎。头十担小麦有两百多斤，那还得了啊！（THU060511SXJ）

二　分层的村庄记忆：对不同叙述文本的并置

在上文中我们再现了黄花大队 1978 年春夏遭遇大旱，村庄中出现的经济与社会紧张状态，以及书面材料中记载的这种紧张状态是如何在国家的一系列措施和基层干部因地制宜的执行过程中得到消弭的过程。

然而"一段经历是有限的，无论在何种层面上，它都局限于经验的一个领域；而一段记忆是无限的，因为它是一把开启前后发生的一切事件的钥匙"（Walter，1969：202）。如果说传统的历史学家对于前后相继的事件本身的线性序列更加感兴趣，以期建构出一个更加完整、"真实"的过去；那么口述历史的叙述者则是把这样一段经历置于自己和群体的生命跨度中去追寻这样一个事件的意义、关系和主题。尽管他们的叙述未必有清晰的时间刻度，但是透过叙述中相互关联的事件群的呈现，研究者却可以洞察到这样一段群体记忆背后的利益、情感和意义图式。

在引入村庄中的口述材料的过程中，我们发现了一个有趣的现象，村民和基层干部们的叙述文本并不是单一的，而是呈现不同的层次性。在不同的场合下，不同立场上的群体的叙述会强调事件发展过程中的不同侧面。同样一个历史事件，开始表现为不同层次的历史生活的交汇（李猛，1998）。通过挖掘整理出村庄叙述的不同文本，并将之进行对照和分析，我们或许可以看出他们所采用的不同的叙述结构背后的意义所在。本书试图从这些历史交汇点中发现历史的不同层级及其背后所折射出的现实权力关系和底层政治的逻辑。下文将分别从基层干部的公开文本、农民的公开文本，以及二者的隐藏文本等角度来对口述历史材料加以考察，以期对斯科特的底层政治理论做出回应和反思。

文中所述的公开文本是指官方出版的口述历史材料；或基层干部和农民在初次接触到访谈者，双方并不熟悉彼此，觉得笔者的身份更接近历次调查研究的上层人员时给出的回答。隐藏文本是指受访者和访谈者通过多次接触，在日常生活中熟悉起来，建立信任关系，希望作者能够共享他们生活经历和细微感受时所做的表述。值得注意的是，在实际访谈中，两种文本之间的区分或许没有那么明显，叙述者情感和立场不断变动，时刻影响着文本色彩的细微差别，这一点仍然需要访谈者悉心体味和察觉。

（一）基层干部的公开文本：对国家文本的沿用和推进

在国家的公开文本中，上述历史与人们所熟悉的小岗村十八户农民推进中国农村改革的历史叙述在根本表达方式上并无太大差异，它们背后共同的话语逻辑是：群众路线是党的根本政治路线和组织路线，[①] 正是通过将

---

① 1943 年，毛泽东在《关于领导方法的若干问题》中指出："我们共产党人无论进行何项工作，有两个方法是必须采用的，一是一般和个别相结合，二是领导和群众相结合。"（毛泽东，1991：897）两年后，中共七大将这一基本精神写入了党章，刘少奇在修改党章的报告中指出，群众路线是党的根本政治路线和组织路线。

群众的呼声和需要纳入党的政治治理过程之中，中国共产党才能一次又一次地引领中国社会革命与建设走向成功。而中国农村改革的顺利推进同样是党基于群众呼声和"群众路线"的又一次成功实践。

"村庄中的基层干部"与"站在历史顶层的文化政治精英"是在此需要悉心分辨的两个概念。正如许慧文、萧凤霞等学者所注意的，村庄中的精英是一个特殊的群体。由于村庄精英和基层农民面对面地生活在一个共同体中，共享生活世界中的大部分逻辑框架，因而双方并不是一种完全对立的关系。相反，在权力过于膨胀的时候，基层精英能够和农民共同形成一种相对于外部权力关系的内部纽带，亦即一种乡村社会相对独立的内部格局（Siu，1989；Shue，1998）。

与一般村民度过的一种纯粹的村庄历史不同，精英人物往往能够与超越村庄的历史发生关联。他们能够借助巴尔特（1988）笔下的"历史转换语"（shifters）将布迪厄所谓的"身体化的历史"（embodied history）转变为一种可以讲述的历史。正是这些话语技术，使精英和普通村民区分开来，成为精英，并成为一种新的权力运作方式的基础（李猛，1998）。

"碌子上场，两头要账，群众要吃，国家要粮"，基层干部身份的双重性使得其历史表述也表现出分化的特点：在其公开文本的表述上，基层干部的叙述框架不可能脱离官方文本，而只能在国家的话语框架内搭建自身的公开文本；在隐藏的文本上，基层干部更多的展现出作为"乡村共同体"一员的特性，他们的隐藏文本和民众的隐藏文本奇妙地汇聚了，并与村庄共同体之外的历史叙述形成了鲜明的对比。

因此，基层干部的公开文本和在上文看到的国家文本在叙述逻辑和方式上保持着极大的相似性。例如，在中共党史出版社出版的《安徽农村改革口述史》一书中收录了原山南区区委书记汤茂林的口述材料。

　　1978年9月15日县委书记常振英到山南区检查工作，他派车到柿树公社黄花大队接我回去和我谈话，他问我："今年旱情这么严重，中、晚稻绝收，麦子种不上，明年怎么办？"并问我省委"六条"贯彻落实情况。我说："省委六点规定中有一条是借少量地给群众自己种，自己收。这个决定很好，但数量控制太严了，每人不超过三分地太少，不能调动群众的积极性。"常书记问我该怎么办。我说："要想调动千家万户的积极性，就要按原省委书记曾希圣 1961 年在安徽推行的包产到户，把麦、油菜种上。"常书记说："你在黄花大队蹲点，就在黄花大队搞包产到户试点试试吧。"

按照常书记的意见，我下午急忙赶回黄花大队。晚上召开村党支部大会……我先组织大家学习省委"六条"精神，然后传达常书记的指示，并组织大家讨论。同志们一致要求按照曾希圣书记 1961 年那样的方法干，抛开各种顾虑，把保命麦、油菜都种上。我根据大家的意见，结合黄花大队的实际情况，制定出"四定、一奖、一罚"三个规定。

对于这一办法，汤茂林继续说道：

到会党员拍手称赞一致通过。支部大会决定第二天召集村全体干部会议。1978 年 9 月 16 日，全体干部会议召开，会上首先学习省委"六条"文件精神，贯彻支部大会决定，全体同志纷纷响应，热烈称赞，一致要求就这么干。看到大家都这样热烈拥护，我们决定召开一次全村社员大会。第二天，9 月 17 日，在黄花大队油厂车间召开大会，……群众拍手叫好，纷纷说："照这样干下去我们就有饭吃了，有好日子过了。"（汤茂林，2006：260～261）

这一文本无论在背景叙述、事件推进还是时间过程的精确性上都与官方文本保持了高度的一致性；并且，农民的生存伦理和推动作用也在很大程度上得到了突出，这一点在笔者对山南区某退休干部、原山南区区委秘书和黄花村党支部书记等三人的访谈中都有相似的体现。

山南区某退休干部在其叙述中，特别强调了国家政策要有群众基础：

为什么要搞包产到户呢，因为要解决温饱问题。有群众基础啊，无粮不稳啊，搞包产到户有群众基础。（19）61 年搞了包产到户，搞了两年，群众的生活马上得到改善。群众的要求，群众的基础啊，因为群众注重生存啊，包产到户不就是生存啊。所以（19）60 年、（19）61 年包产到户，群众马上就有的吃啊。所以啊，干什么事情，没有群

众基础是不行的，群众是要有思想基础的。那时在黄花不敢讲分田，讲借田，理由是大旱。（THU070110LGB）

原山南区区委秘书和黄花村党支部书记也提到包产到户政策得到了农民的极大欢迎和拥护，在顺应民意的政策推动之下，群众抗旱生产的热情很快被激发出来，他们积极投入到劳动生产中，迎来了第二年午季的丰收。

种麦以后，群众积极性也很高。群众就用榔头砸，天干，田里的土硬，大旱啊，群众就用榔头砸。当时到处根本就没有水了，一毫水都没有了。我们看群众的积极性很高呢，把麦子分到户，集体干是干不下去的。（THU070110QXY）

农民愿意啊，农民愿意，农民愿意！像那样子搞，他劲头还足呢！买肥料，买磷肥，干劲大。第二年春上，有的农民勤快的，收了一千多斤小麦，有的户收的小麦比以前一个生产队收的都多。（THU070109XSD）

基层干部的公开文本在很大程度上延续了国家的公开文本，双方都强调"包产到户"和农业"去集体化"是广大农民的呼声和要求，农民的意愿和行动亦是当时政策推进和转变的主要推动力量。然而事实上，作为国家治理的末梢片段，基层干部在地方具体的政策执行过程中往往发挥着举足轻重的作用。在后文的"工农好干部"一节中，我们更能发现在普通农民心目中，基层干部在推进集体化末期的政策变更过程中扮演了不可或缺的角色。但是为什么在其自身的公开文本中，基层干部却并未将自己作为叙述的重心，而是和国家的公开文本保持一致，将普通农民置于叙述的中心？

这是由于基层干部处在国家官僚体系中的内在位置上，只能具体执行国家政策，并不能改变既有国家政策规定。然而，"群众路线"是中国共产党根本的政治路线和组织路线，又有可能成为基层干部搭建其公开文本的重要话语基础。"党的历史是形成和完善群众路线的历史"（王绍光，2002），强大的国家权力是通过群众路线等手段实现对社会的渗透及对国家代理人的监控（邹谠，1994）。基层干部在国家实际治理过程中积累了大量的常规性的治理方式和经验，为他们成为"广大基层民众代言人"提供了重要的合法性基础。由此一来，在其公开文本的搭建过程中，基层干部不仅沿用了"群众路线"这一国家意识形态话语框架，并且以其第一手的治理经验和技术进一步推演和丰富了这一国家治理的话语框架。

那么，农民的公开文本是否也强调自己的意愿和行动在推动政策转变过程中的积极作用，从而像斯科特认为的那样，这是一个支配者和从属者共同建构公开文本的过程呢？

（二）普通村民的公开文本

有趣的是，农民的公开文本对上述问题并未给出肯定的回答，换言之，在民众的历史记忆中，行动过程中大写的主体不是自己，反而是乡村之外的力量的介入。然而，我们不能简单地将这一表述看作是农民对自身行动和价值的无视；恰恰相反，正是通过将叙述的重心置于村庄共同体之外的力量，民众以另一种更加微妙的方式表达了自己对现实权力关系的理解，以及在这一理解之上所表现出来的"灵活游移的权宜立场和基于不同背景与利益的政治诉求"（Spivak，1988）。

与国家公开文本将群众置于根本性位置上的叙述不同，在民众的叙述中，没有领导的授意，没有区委书记的带领，他们自己绝不会采取如此大胆的行为。

> 没有汤书记在这里开这个党员大会，领导不讲话的话，群众不敢干哎。当时山南区七个大公社哎，群众哪敢干？群众不敢干！（THU060
> 511SXJ）

> 先上来他是不敢干，后来汤书记嘛，汤大胆汤大胆嘛，抓起来也就干起来了。干起来，就好起来了。第二年就丰收了，然后一下子就哄上来了。后来责任田，从山南区又搞到县里去了。（THU060511XSY）

此外，与国家文本强调农民发挥农户个体积极性不同，村民们的集体记忆反而更多的是关于村庄共同体如何在区委书记的带领下，共同抗旱救灾，并由此成为国家塑造的学习典型和权力运作仪式中心的过程。

1．工农好干部：搭建自身的政治－伦理期待

在农民的叙述中，村庄土地承包的过程是一段区委书记带领全村农民齐聚一心，共同抗旱度灾，取得胜利的历程。抗旱的成功在很大程度上要归功于区委书记的个人魅力和领导能力，而非他们自己的努力和抗争。

> 1978 年大干嘛，油菜没办法点，汤茂林书记是区委书记，权巡友是秘书。他们讲，不干哪照啊，这要干！就用椰头搞。第二年收成就好了嘛。汤茂林就把全区支部书记、主任、会计都搞来，住了一个礼拜，去看。1978 年，搞那个拖拉机犁田嘛，牛没办法犁。旱得很，挖井，打水。哪个地方地形低，就挖水。这么把那个小麦和油菜种下去了。
>
> 当时汤茂林书记，就到县里头，向县委汇报，当时县委书记是常振英，常振英来了，召县里几大班子，那时候汤茂林在这里干，是不错，就是好。看看还真有办法，还真给他把种下去了。那时候有干劲哎。作为一个区委书记，那个春上啊，光脚，就带着老百姓啊，就下田去干活。他是工农干部，文化程度不高，硬是干上来的。（THU060511ZBY）

农民口中的"工农干部"是指这样一类基层干部，他们大多是在村庄或工厂第一线的生产和管理过程中逐步成长起来的、具有实际生产经验的领导干部。他们没有太高的文化程度，不会说些农民听不懂的大道理和高调子。正因为与基层民众有着相同或相似的生活世界，所以他们往往与民众共享一套生活方式和伦理价值观念；与其他干部相比，他们更能以符合农民价值判断的方式处理和解决问题，因而更容易与农民产生亲密的感情并被农民所接纳。

回忆起当年领导包产到户的工作队队长——山南区当年的区委书记汤茂林，农民们都显得情绪激昂，倾注了巨大的情感和关注来叙述和这位基层干部相关的村庄记忆。哈布瓦赫（Halbwachs，1980）说，集体回忆需要线索。汤茂林或许就是打开村庄记忆的一把钥匙。通过对这位区委书记的描述，我们看到的是在共同塑造这段集体记忆的背后，村民内心世界的价值期待、善恶标准和对生活世界的理解。

（1）从事一线生产劳动

在农民口中，这位令他们倍感怀念的已故区委书记能够放得下架子，和农民一起投入劳动生产的第一线，带领农民展开生产。

> 老百姓一般像我们这么大岁数都晓得。一个大队，各个生产队他都到了，每个生产队都干过活的。老头汗淌得跟什么家伙样的（笑）。（THU060511YCY）

> 王家岗扒土井，汤书记亲自用锹甩土，他本身就胖，满脸都是汗，汗就淌。老百姓叫汤书记上去歇歇，他都不歇，照样干。井现在填掉了。老头人不错，访问到哪个都这样说。（THU070110YCY）

他熟知农民的生活伦理，尊重农民的劳动和付出。在当时生产队经济困难的情形下，"汤书记讲：'挑大扁担来我给他饭吃，穿皮鞋来我不给他饭吃。'汤书记讲话都以理服人。讲出来这个话啊，老百姓听着舒服"（THU060511YCY）。汤书记口中的这句话不仅是对农民劳动付出的肯定，更是对农民身份的一种尊重。

在这种尊重的前提下，工农干部也强调：劳动是一种本分，是农民与生俱来的职责和要求。

> 有一年我们生产队队长领导得不好，跟社员憋气。汤书记起来讲这句话：你们家第一不是在上海，第二不是在南京，怎搞不干活？后来末了汤书记就召开会议，让老百姓讲怎搞不干活，为什么不干活？第二天，点麦，用榔头敲哦，田都搞不动，硬搞。第二年春天我们是吃八十斤小麦，十五斤油，从来没有吃过十五斤油。是的，老头就是过劲噢（笑）。（THU060511YCY）

和农民们共同经历过生产过程中的危机与灾难：

> 胡老架失火，一个大草堆，那时候主要是那个牛啊，那个耕牛吃那个草嘛，一下烧掉了，那个胡老架有几里路，差一毫毫就跌死了，

汤书记，人家汤书记在这里干是过劲。（THU070110YCY）

在生活中，来自基层的生活经验也让这些干部更加了解民生冷暖。

> 还有嘛，做好事情嘛，我们这里有一家，一下雨啊他家就淹。妇女带个小孩啊，在家粮食又潮掉了（往常农村都是支一个小土墩子，把粮食放那个上头搁着）。潮完了她就在那里哭，然后汤书记从那走，讲哭什么？我讲她家粮食淹掉了，墙都要倒了。汤书记讲你打个报告吧，打个报告给你批个场子啊。第二年就批了，然后又在那盖的。在这做了不少好事，确确实实做了不少好事。（THU060511YCY）

正是对农民生活伦理的熟知和运用，以及共同的生产、生活经历让汤茂林这样的工农干部能够直指农民的内心，赢得农民的尊重，也能更好地调动农民的生产积极性。汤书记所代表的"工农干部"形象与村民们所鄙弃的高高在上、四体不勤、五谷不分的"穿皮鞋"的干部形象显然形成了鲜明的对比。

> 汤书记天天穿草鞋唉，不像他们那些干部，艰苦朴素是有的。（THU060514ZBT）

> 还有一次，一个区委的人，不知道什么官，搞个小扇子。老百姓在干活，他跑到田埂头蹲着，搞个扇子在那里扇，叫人这样干，叫人那样干。老百姓不睬他，哪睬你啊。（THU060511YSY）

（2）共享的生活世界

工农干部最直观的一个特点还在于他们往往和农民有着相似的出身和生活背景，因而更容易和农民或村民建立直接而亲密的情感联系，并在日常休闲和娱乐中与普通村民融为一体，共同经历生活世界中的欢愉和激情。

> 一开始那个古装电影不给放，叫汤书记哎，你召集我们干活照哎，那我们想看红楼梦。"你们只要干，照我这样分配的干，我写个便条——

那时候还没有电话啊——我写个便条子。"就到区里电影队，就在这个地方放的（兴奋的）。那时候这个地方都是田。汤书记他是工农干部啊，是个大老粗，写那个字啊，大大小小，哈哈（笑）。当时吃过饭，是八月中秋后嘛，还有毫热嘛，这里全部都是人在看电影，横竖恐怕二十里路的人都来看。两块田都给踩焦了，你讲马路还能走通啊？马路都走不通。（THU060511ZBY）

汤书记一年到头，带个大草帽子，穿个草鞋。那时候我们年轻的时候，都不吃烟，汤书记来，每一次去家一趟，一天啊，这个纸烟吃好些子？就我们西头，最少都要五包（重读）。那时候五包纸烟也是不得了的事情哎。你算算，一个工值三角五分钱，作为一个大区委书记，一天一天像这样吃，他那个纸烟就这样散掉了。他一个月不也只拿那么多钱吗？老头好，像我们这岁数都讲他好。（THU060511YCY）

有一次我跟我们生产队长，拌拌两句，然后闹得有毫那个，就在油厂就处理了嘛。临走汤书记还拍拍我：'小叶啊，不要糙，当干部都得罪人。''对噢'我讲'好噢'。'去家呢，把工分值干高一点，粮食多吃一点'他讲。总的来讲他一个区委书记，会开导开导老百姓。（THU060511YCY）

汤书记还好逗猴哎（爱开玩笑），有时候看到我们还开玩笑（笑）。有时候我们干活，从他旁边走，他经常把我们头摸摸，我们那时候在他看来就是小孩子。权秘书那天看到我讲：'小叶啊，你还那小样子！'哈哈，我们跟他都很熟悉啊，他自行车都是我们教的。（笑）汤书记就是好干部，我们西头队，你找一百个人都是讲他好，他就是过劲，人家基层干部就是过劲。（THU060511YSY）

一起娱乐休闲、抽烟"呱蛋"（聊天）、表示亲昵地摸摸脑袋、和普通村民开开玩笑，甚至写字难看这些"缺点"，却都因为和村民们的日常生活更加接近，在农民的回忆中显得如此朴实、亲切而又充满生活气息，和他们对乡村愉悦生活的记忆丝丝扣扣地结合在一起。

（3）组织和领导能力

要成为一名"工农好干部"，仅仅和农民共享一套价值观念和日常生活经历显然是不够的，在普通农民的心目中，作为乡村精英还应当能够具有一定的领导和管理能力，完成普通村民们无法完成的工作。

> 那时基本上没有，汤书记来蹲点后，生产队贷款，每个生产队都搞了一台柴油机。（THU070110YCY）

> 那时候汤书记在这干，就是过劲，我们一个大队，不晓得挖好多井。汤书记不领头啊，哪个来挖啊？汤书记啊，要领头啊，他挖井呢，每个都要挖，大队挖井，每个生产队都要到的。哪里好来水，你就在哪里挖，是这样搞的。（THU060511YSY）

一个有能力的工农好干部应当具有超越普通村民的能力。在集体化时期，这种能力包括能够与外部世界发生联系，从权力上层调拨稀缺资源，组织号召村庄集体行动等。作为乡土社会力量的代表，这种"工农好干部"的形象与传统士绅作为乡土社会政治-伦理秩序的代表，具有一定的相似之处。只不过与传统皇权社会中士绅对"礼教"的尊崇不同，经过集体化改造的农民相信，"劳动"本身就蕴含着乡土社会的道德约束力。

作为一个基层干部，不但要自己身先士卒，更要是一个好的领导者，要具有相应的管理才能，使得自己的下属和助手一样能够为农民服务。

> 那时候抗旱打井，搞水，那时候基本上没水了，哪里有水？柿树的宋××分在这个黑龙，黑龙不有一条沟嘛，里面还有水。一下给汤老县发现了，把他搞到黄花，把他熊（批评、骂）得好狠。最后又要他作检查，要处分他，限他三天，把水搞干（抗旱）。然后就去家把水搞干。那时候有好多水，就搞好多水种麦。我记得熊过以后，他就没了，汤老县不就这样的人嘛。后头他来，汤老县还搞毫酒搞毫饭招待他（笑）。（THU070110QXY）

从这段叙述中我们看到，汤书记并不总是温和的角色，在下属工作不力，未能全力以赴地抗旱救灾时，大发雷霆，严肃批评了这个干部。然而批评的目的在于解决问题，工作问题解决之后，还要对下属情绪进行安抚和鼓励。

在农民看来，汤书记不只自己身先士卒，在他的引领下，他身边的干部都能像他一样严于律己，为民服务。

> 当时蹲点有三年，后来他忙，由那个秘书权巡友主要负责。那个秘书也过劲，他两个都过劲。我刚才讲那个权秘书嘛，他老婆啊，那时候在生产队放牛，她老婆有病，他天天早上起早砍牛草。那时候也伤心呐，那时候你讲车子，他哪搞车子，他二十多里路哎，人到这里上班是一毫不迟。那时候就不知道怎么那么大干劲。权秘书那个自行车，还是我们几个小家伙教他的。最后他就骑油厂那个自行车子啊，晚上回家，早上来。（THU060511YCY）

在建构村庄集体记忆的过程中不难发现：发生在叙述者之外的历史事件和叙述者内心的情感之间产生了微妙的融合，这种融合本身是一种全新的"社会事实"，因为它揭示了这些叙述者是如何对过去发生的事件赋予意义，并投射自身的价值伦理期待。在乡村共同体的集体记忆中，村民们建构的"工农好干部"是能够和他们共享生活世界中的价值和意义，在整个村庄中具有情感维系和组织号召能力，并且能够给基层民众带来外部稀缺资源的领袖人物。这种对工农好干部形象鲜明、激情四溢的描述，表达了农民对这一类"工农好干部"的热切期盼。这一叙述模式重要的不再只是追寻当时到底发生了什么——事实上，已然发生的事件在集体记忆中必然是被不断加工、阐释和改变的——但这也正是口述历史的价值所在。正是这些改变和加工的过程，形成了社会群体的价值意义体系，并最终作为一段传说、某种象征或特定的符号表达着这个群体的意愿和梦想。与之相反的则是村民们对反面官员形象的憎恶与诅咒。

> 那年，张××是乡党委书记，那年伏种，西瓜收掉，种双晚稻，天气大干。张××把来参观的人带到黑龙湾，就那里有水，其他地方

都没水，他就带人到那里去，别处他也不带去看啊，越干的地方越不带去看。从合肥到柿树拐弯那个稻子，一根火柴都能烧掉，裂开的口子，脚都能伸进去。我那年三亩田本来应收产三四千斤，结果只收了400斤，还都是瘪的。整个干掉了，没了。张某某是公社一把手，隐瞒下面的情况。害老百姓，缺德啊，这就是不讲良心。老百姓都骂他。（THU070110NM）

2. 被塑造为学习典型的深切记忆

除了建构村庄共同体所需的"工农好干部"的形象外，在其公开文本中，村民们对村庄共同体如何在工作队的领导下，集体抗旱打井，并成为学习典型的过程也记忆犹新。

> 汤书记那时候在这里打了不少井啊，打了几十口井啊。那时候没办法，河都干了。我们附近那几个生产队都要来这挑，就那一个井。汪祠堂、李小岗、王家庄、吴小圩等附近几个生产队都来挑水，没水油菜种不下去啊。从这挑回去再浇。（THU060514ZBT）

> 那时候搞现场会，区里面的点不在这，三干点麦嘛。最后恐怕全县都来了。那时候来看那个打井嘛，然后用抽水机抽，浇麦子，抗旱。那时候一冬没下雨。后来麦子点上月把月吧，才下的雨。（THU060511SXJ）

由于以汤茂林为首的工作队在黄花村组织的抗旱工作效果显著，区委决定在黄花村召开现场学习大会，让周围几个乡的领导干部都来参观该村的抗旱生产。

> 看到这种势头，搞得好，我们就想向全区推广。回来呢，就召开了一个区委会议，区委会就决定向全区推广分户种麦。当时还是怕啊，就以柿树乡、金牛乡、防虎乡、山南镇四个乡，先这四个乡呢大队干部到黄花开会参观，先从这四个乡开始推起。圩区呢，我们就丢掉了，后来看这四个乡呢，群众热情高得很，全区劲头也不小，后来又把全区80个村的支部书记、村长召集到黄花开会，开现场会。现

场会以后，大旱种麦从此在全区推开了。以后群众就尝到甜头了。
（THU070110QXY）

现场会热闹非凡的场面给黄花村的村民们留下了难以磨灭的深刻印象。

1979 年冬，那个小麦下过之后，乖乖（感叹词）！到了 1980 年春上，他们把一个区的生产队的队长、会计、党员们，还有其他部门的，都搞到这个地方来了，到这里来学习，就讲今年午季像那样干，看看，搞到我们家田里面去转。（THU060511SXJ）

至今村民们还会津津乐道现场会的热闹场面，以及自己和家人在当时参与了哪些具体工作，是如何度过这段对他们而言荣耀而又难忘的时光。

全山南区都在我们家住下来了。当时我们黄花有个油厂，都在我们这里住着。现场会，就说责任田到户以后，小麦为什么能管理得这样好。（THU060511SXJ）

那时候开会，把我们柿树乡一个公社，还有我们旁场子，都搞到这个地方，开了一个星期会，在我们家。我家原来还住在那头，在学校那边。那时候我母亲还活着，那时候我家安（住）的是长郢大队干部。（THU060511YCY）

来开了一个星期的会，到最后几天来了好多大队，主要是各个大队的干部。开了一个多星期的会，原来我住在那边，我母亲在会间煮两个大队干部的饭，他们吃自己的。我们整个东头队、西头队都安排人。那时参观，主要是抗旱。（THU070110YY）

与基层干部在公开文本中强调发挥农户的个体积极性不同，农民们的记忆反而是关于集体打井抗旱、组织参观学习等集体动员的场面。一方面，这反映了在集体化末期，农业生产的组织仍然在很大程度上沿用了原有体制下动员号召、宣传教育等方式；另一方面，"戏剧和仪式是百姓生活中最重要的组成部分"（柯文，1997：96）。在日常平淡的经济生活之外，周期性的节庆与欢腾场面，也是共同体生命延续的必要（Durkheim，2001）。作为一个平淡无奇的基层村庄，一夜之间被外部世界所关注并大规模进入，对普通村民而言，无异于一场短暂而绚烂的表演。更关键的是，他们在其中不只扮演了这场庞大戏剧的旁观者，更是这场演出的实际参与者和扮演者。作为这场权力盛宴"被观看者"的荣耀与激情对重复周期性生活的普通农民而言是一段难以磨灭的记忆。他们在大写的历史中的参与感在这一段共同的回忆中被建构出来了，并成为影响其对外部世界理解和行动的重要框架（frame）。

更重要的是通过这次被塑造为典型的仪式，村民们在潜意识中认识到，在一个"总体性社会"中，对于一个默默无闻的基层村庄而言，得到上级政府的额外青睐和眷顾，意味着更多的资源、照顾和政策倾斜。口述历史学家们强调历史叙述的立足点是在当下（Perks，1998）。从黄花村当下的处境看来，尽管它在推动安徽省的农村改革中发挥了至关重要的作用，但由于种种原因，这个村庄在很大程度上并没有取得与之相应的地位；相反，由于宣传不力，这个村庄至今仍然默默无闻。与其他村庄得到外部关注、宣传与政策倾斜和扶植的境遇相比，村民们开始意识到"被关注"本身也意味着自身境遇与利益的改善。因此，村民们认为曾经被塑造为典型的经历是重要的和值得叙述的，并在叙述中表达了再一次成为政府塑造典型的期待。

从农民的公开文本中可见，普通民众并没有像上层精英与基层干部那样，强调自身在推动国家政策改变过程中的重要作用，相反，他们的确在"公开文本"中使用了国家的正式话语，且没有完全背离正统的叙述模式，但是这种使用并非是被意识形态化的反映（Judd，1994），甚至也不是斯科特认为的对权力关系表面的维持，而是村民们从自己的生活世界出发，对原有话语要素进行解构和重塑之后，创造性地建构起用以表达自身政治－伦理期待和利益取向的工具。可见，对于普通民众而言，"正式话语本身拥有独立于使用情境之外的生命"（流心，2005：92）。在农民的公开文本中创造性地使用和再造这些话语，是底层政治在权力缝隙中顽强而扭曲生长的重要渠道。

（三）隐藏文本的汇聚：村庄行动的相对脆弱

在上文中，我们看到，基层官员和农民的公开文本并不是一个共同建构的"共谋"的产物，而是呈现叙述上互为对象化的有趣现象：基层干部强调农民在变革中的推动作用；而农民则强调基层干部的"工农好干部"形象。与斯科特的判断继续出现分歧的是，在隐藏文本的领域，也并非双方固守各自的界限，而是呈现相互融合的状态。以下是笔者在与基层干部和农民熟悉之后，他们以一种透露内情、说点故事之外的"轶事"的口吻叙述的包产到户实际发生的过程。

1. 党员、干部不能明说

在这一套叙述文本中，1978 年 9 月安徽省委允许干旱严重的地区"借地点麦"的政策颁布之后，汤茂林等区委干部的确在黄花大队召开了干部会议，号召农民抗旱度荒，并采取了一些措施鼓励农民进行生产。但并不像档案记载中所述形成了一个成文的行动方案。黄花大队当时的老书记提到包产到户收集的大队会议材料，这样说道：

> 那时候都没有材料。那时候都怕，不敢搞材料、搞记录。（THU060511XSD）

在执行省委"借地点麦"政策的过程中，工作队虽然不敢明确宣布谁种谁收，但对"借地"的多少抱有一个更宽的尺度。对这一过程中出现的一些自发行动，工作队"睁一只眼闭一只眼"，不加干涉，因为"你自己讲出来了，跟群众自发又不一样"。

> 大干借地种麦子，就是在黄花想出来的。因为种不下去，群众也在探讨。都讲大干呢，种下去以后只要一有雨就有麦，种不下去，上哪能有收成呢？最后，我们在家就是考虑，群众讲的，也有道理。当时都不敢干，借地给群众，那还那个（了得）啊！最后就是召开生产队长和23个党员会议，讲反正这是我们的事情，可是，开始一个人借好些，借得少。上面有人来检查，就讲是自留地和饲料地。讲这个干旱面积大了，人员难以组织，干脆一户分一点好，收多少得多少。（THU070110QXY）

> 当时在黄花都是趋着干的。当时借田，在会议上做决定，一个人只许借四分田，还不给多借。但是有的生产队就装洋了，胆子大，就借的多一点。我们也知道这个情况，反正装装样子就算了。都怕。你自己讲出来了，跟群众自发又不一样。（THU070110QXY）

不但区委干部不敢明确宣布"包产到户"，村里的普通党员干部更是不敢贸然行动，只能是互相掩护，共同承担责任。

> 那时候不敢讲，我们趋着瞧（走一步看一步）。先讲你趋着干，真要上面追，照不住，你们怕是不能讲是我们叫干的。23个共产党员拍板就是像这样拍板的。讲包产到户，哪个都不敢讲，讲借田。（THU070110ZBG）

还有一些公社的基层干部由于经历过历次政治运动的风波，不愿意推行包产到户。

> 那时候，有的公社党委书记不相信，不愿意干。有的年龄大，经历过1961年的那次责任制，教训深刻，所以有的不敢干、不愿干。汤书记就一一找他们谈话。我那时候还有印象，我们柿树乡党委书记，叫解××，他50岁了，那时候思想就想不通。（THU070109XSD）

2. 农民的怀疑和犹豫

由于农业生产作物的时间周期长、经济回报难以预测，农民或许是一个国家最保守和谨慎的群体，他们不仅易受自然灾害的侵袭，而且对任何人为政策变化都很敏感。在1978年抗旱救灾的过程中，对省委借地点麦的决定，农民一样也抱有怀疑和谨慎的态度。很多农民不相信生产队会把来年产量中的大部分作为农户口粮，害怕高比例的上缴份额会让自己在灾害环境中的巨大付出毫无回报。工作队的成员回忆道：

> 当时借地，有的群众不干，他不相信，认为那是假的。干，比如一亩田，群众要花好大代价啊，最后把它收回去了，群众也怕啊。怕

白干了。干部啊就怕处分，给上面知道了借地，不得了，对吧？那时候都是趟着干。

最后，有的群众老实些就干得多些，他也分得多些。分多些呢，我们看到了，不也就装装样嘛。但是只要不是走我们口出来的，那不要紧，对吧。

但是这样搞过以后，群众有的积极性高，有的是在一旁观望。但是他看别人都干了，他也就干了。我们也向群众做工作："这个借地的话，你放心。这个组织上讲过以后，那绝对给你得大头子，作为口粮。"到哪一户，都要拍胸口的，只要我在这干，你收好些子，就归你得好些子。要是我都受了处分，这东西就很难说了。（THU070110QXY）

由于群众中存在着不同的态度，所以第二年秋收时产量存在分化。

到秋天，的的确确收成好。有的群众有顾虑，这是真给我们的？有的呢，就没干，没收成。有的积极性高的呢，就干不少。（THU070110QXY）

3. 逐步转变的过程

在基层干部和普通村民的隐藏文本中，农村土地政策的转变并不是在一夜之间由村民"一致拍手通过"的，也不是那些有魄力的工农干部大力推进的过程，而是在外部政治局势和村庄实践的互相作用下逐步转变的过程。

1978 年 9 月前后，那时的区委工作组召开的党员会议虽然按照安徽省委的要求，把更多的土地借给农民耕种，但是并没有明确宣布农户各种各收，即没有取消生产队分配的环节；而仍然采取人民公社时期记工分、由生产队进行分配的办法。

当时分呢，是一个人借一亩田，种一分田小麦五分田油菜。当时讲，你借一亩田，给你好多小麦种，你到时候交生产队好多小麦，生产队计你好多工分，开始是这样的。借地就是这样的，属于生产队管。要不然你借地去哪里借呢？你只能从生产队借。（THU060511XSD）

借地一开始没讲谁种谁收，只讲借地点麦，借地种油菜。当时是讲你收麦子还要往生产队交，按田亩算工分。比如讲一亩田规定收三百斤麦子，你收五百斤麦子。那你交完这三百斤麦子，剩下两百斤归你自己。但是三百斤麦子归田亩，算你好些工分。多了，你就留着，不够，你就受惩罚，就是讲从工分上面扣，或者赔偿。（THU060511XSD）

到了第二年春天夏收前后（1979 年 4 月前后），原先的决定发生了变动，这与 1979 年全国政治氛围和安徽省内农村政策的局势改变是密不可分的，当时安徽省在全省农村已经普遍开始实行各种形式的责任制生产（见本书第五章、第六章内容）。所以黄花村党支部会议之前保留生产队按照工分进行分配的决定也被推翻，采取了"谁种谁收，各归各家"的办法。

到第二年春上，他就没有这样搞。因为我们准备像上面讲的样子，准备收，但是不平均。种的麦子有的长势好，有的长势差。所以长势差的准备往一块收，长势好的就不愿意收。所以也没有搞田亩记工分，就是谁种谁收了。收成不好的人少，他也没办法讲啊，怎么讲啊？那你懒汉，你没种到，你收少就收少了。他就服从大多数，大多数收成还是可以的。（THU060511XSD）

分到户以后，有的呢，他不好好干。有的呢，很勤劳，买些肥料，当时是磷肥，原来生产队点麦，搁磷肥都搁不多，生产队不买磷肥。结果分到户，农户就搁，那时候磷肥一百六一包，就把这个麦子种上了。

第二年春上长得非常好。有懒汉不下肥料，最多下几个麦子搁那搁着。当时我记得麦子是生产队统一发的，按田亩统一发，发到户。第二年春上，也斗争。为什么？有人就反映了，懒汉没有收到小麦，那个勤快的，他的小麦就长得非常好。有的收小麦大户，收一千多斤，撑村里面原来一个生产队的收成。因为原来一个生产队只收到两千多斤小麦，分到户以后，人口多的，有的一户就要撑一个队收成。那个油菜不很照，为什么呢？种迟了。

群众当中有斗争，当时区委书记汤书记也在考虑，如果全部收回来了，影响群众积极性，对吧。那当然是大多数农户种麦子好，只是少数户，懒汉，不勤快的，麦不好。经过反复讨论，经过思想斗争，最后就各户归各户的，各家归各家的。（THU060511XSD）

真正的包干到户实际上是在第二年接近夏季的时候完成的（从农民叙述中的节气判断大约在1979年5月底），之前还经历了短暂的包干到组的过程。

小麦收过以后，种早稻子的时候，分组干！大队分成五六个组，小队分成两个组，分组干。早稻搞掉，中稻没种完就分到户了。（THU060511XD）

先是分到组，一个组啊，把这个田啊……那时候不都是大集体嘛，一个生产队不都在一块干吗？好比你是一个组长，我是一个组长，一个生产队啊，有几个组长。我们生产队，是三个组长嘛，我那时候也在。分这个田啊，就由我们来管理。我是个组长，没到半个月吧，这个田啊，就分到头了，就分到人头下。（THU060511YSY）

可见，从1978年9月"借"到次年4月各种各收，再到5月初包干到组，最后到栽中稻前后才真正实现包干到户。土地政策的变革并非一步到位，而是在局势的不断发展和变动中，逐渐展开和实践的。

4. 对外部局势的把握

有趣的是，在村庄共同体的隐藏文本中，"汤书记"也不再是公开文本中作为政治－伦理期待所表达的工农好干部的"完人"形象，他同样对政策的改变持谨慎、游移和不确定的态度。

当时汤茂林也怕，他作为区委书记也怕。讲春上上面来检查，就要讲是借地，哎，借地（重读）。这一季庄稼种掉了，还归还给集体。要这样讲法。上面来问，就讲是借地。（THU060511ZBY）

那时候，还不算分田单干，那时候我们还记得，就搞这个东西，汤茂林书记他也有思想斗争。他也要听广播，听新闻，听中央新闻（笑），那时候不敢搞。（THU060511XSD）

汤书记也需要从各种渠道了解和摸索上层政治局势的发展和变化。

当时安徽省军区司令员来山南乡蹲点，汤茂林作为区委书记就跟他碰头，私下座谈，问一问。现在中央可有什么新的运动、新的形势，农村老照现在这么干，干到最后都荒掉了，都是草啊，稻子都没。他讲，目前啊，中央马上要开十一届三中全会，会一结束可能就会有一个结论。他听到这个风声后，就开始分，不叫分，叫借，你们就借下去种麦。（THU070205ZBY）

汤书记那个人，讲义气，再一个就是有远见，他那个人呢，古往今来的事情听得比较多，见得比较多，不然他也没有这个胆子，他要是一般人，在镇上也不会出名。（THU060511XQD）

对外部局势的把握为何显得如此重要？事实上，类似的由村庄自救产生的包产到户的萌芽在历史上曾经多次出现，如1956～1957年合作化初期的安徽、浙江、四川等地出现的"拉牛退社"；1959年"大跃进"后甘肃等地出现"包工包产"；1962年三年困难时期安徽省出现"责任田"等等（杜润生，2005；范晓春，2009）。然而在度过灾荒后，或是在国家政策收紧后，这样的萌芽不止一次被压制下去；即便在一些极其偏远的山区得以保存下来，[①] 也并不会改变国家总的方针政策。

最主要的还是环境，那个气氛，有时候搞了一点上面就给你纠正了。（PKUFY06022401）

可见，相对于上层权力运作与国家政治局势而言，村庄的集体行动仍然显得那样微不足道，如同汪洋里的一叶扁舟，随时可能由于外部局势的变化而飘摇不定。

---

① 如浙江台州地区（何建新，2008），安徽省金寨县双桥区桃岭公社金桥村（王立新，1999）等。

那时候他也不敢宣布名字，上来都是摸索上面的态度。我讲实在话，中央没有表态，就不敢，好多人就不敢敞开来搞这个事情。后来才敞开了。（THU060514ZBT）

在隐藏文本中，基层干部表达了对违背国家政策的担忧，农民也叙述了自己对政策变动及其后果的怀疑。更重要的是，双方的隐藏文本并不是斯科特笔下支配者与被支配者之间各自为营的状态，而是一个相互汇聚的过程：村民们能够洞察到基层干部的犹疑和试探，而基层干部也能够觉察到农民的谨慎与不安。双方隐藏文本的汇聚实际上揭示出：与其说是农民的自发行动推动了农村政治的转变，抑或基层干部的得力组织改变了农村生产的格局，不如说这两者的行动力量相对于上层权力而言都是微小而脆弱的。因此，本书很难赞同周凯（Zhou，1996：1）关于农村改革"是一次（农民）自发的、无组织的、无领导者的、非意识形态化的、非政治运动，它很快扫除了一切阻碍，成为中国发展的新动力"的研究结论，而是认为：在基层干部和普通农民的隐藏文本中所共同表现出来的犹疑、恐慌与观望，与正式文本中描述的基层干部与民众敢说敢干的英雄主义气魄之间的差异，恰恰反映了被主流历史文本有意忽视与抹去的基层村庄共同体行动的特点——在20世纪70年代末期，相对于高层政治权力的影响而言，乡村共同体的行动能力依然显得微小而脆弱。国家在集体化末期并非只是单纯扮演了被动撤出和顺应民众意愿的角色，普通农民仍然缺乏形成更大规模意愿表达和集体行动的资源与机会。

三　分层叙述背后的权力关系

乡村农村改革的历史叙事存在着不同的层级：在基层干部的公开文本中，这是一段依靠群众路线推动历史变革的过程；而在农民口中，他们却以搭建"工农好干部"的形象和期待成为权力关注点的方式，表达自身的政治 - 伦理期待和利益诉求。在基层干部和农民的隐藏文本中，读到的却是相对于强大的外部权力，乡村共同体的行动事实上是非常有限的。

在主流历史中，人们往往只能看到被政治文化精英化约之后的历史，而口述历史的方法却能发现如此色彩斑斓而又诡异狡黠的分层叙事。其中，

"尽管没有一个统一的主体，但不同讲述者之间片面性和局部性的碰撞，反而是口述历史最大的魅力所在"（Portelli：1991：57－58）。本书并不试图证明哪一种历史叙述更加"真实"，而是希望通过展现这些分层的历史叙述，透视出集体化末期中国乡村的权力格局与基层村庄政治行动的特点，特别是不同叙事主体如何基于其当下和历史情境的立场，去建构并表述自身的情感、理解与经历。正是这些相互角逐和形塑的历史叙述，为重新审视和理解集体化末期乃至当下中国内陆村庄的权力格局和村庄行动提供了新的洞见与可能。就此而言，"底层的另类历史是整合性的知识，因为它将一切断裂、流失与忽略明朗化"（Guha & Spivak，1988：v－x）。

斯科特的作品都是从支配者和从属者的二元主体观来考察权力及其在底层社会中遭遇的反抗。然而事实上，对中国这样一个历史悠久而又人口众多的国家而言，还存在着"基层精英"这样一个更具复杂面相的独特群体。在一定情境下，他们既复制着国家权力的治理逻辑，又在日常生活中和普通民众分享着生活世界的逻辑，"基层精英"使得中国乡村历史的讲述变得更为复杂、交错。

在斯科特的分析中，"公开文本"是支配者和从属者为了维护表面的权力关系而共同建构的产物。但在中国乡村历史的基层叙述中，正是由于"乡村基层干部"这一具体可见而又不完全等同于上层政治精英的群体的存在，才让我们看到底层民众公开文本的另一种塑造方式，即底层民众尽管采用了权力所允许和承认的话语，但未必与官方文本完全达成一致；相反，底层民众可以通过对正式文本和话语进行创造性的重组和再造，建构自身的政治－伦理期待。通过塑造出"工农好干部－赃官/贪官"的二元话语模式，普通农民以能够被统治者话语模式所接受的公开文本表达自己对现实政治世界的理解和批判，从而避免了与上层统治精英的直接对立和冲突。然而，值得注意的是，这种畸变的底层政治逻辑尽管有可能带来小范围内基层民众短期、部分的生存状况的改变，但在根本上复制着原有霸权（hegemony）统治的逻辑，因而并没有对现存制度产生根本性的冲击与改变。

本研究与斯科特的另一个分歧是，基层精英和普通民众的隐藏文本并非是双方固守各自的边界、互不公开的领域，而是呈现相互融合的状态：村民们能够洞察到基层干部的犹疑和试探。而基层干部也能够觉察到农民的谨慎与不安。基层精英立场的转变进一步提示我们，中国乡村"基层精英"和农民在一定程度上并不能代表国家与社会的对立；由于二者共享生活世界的很大部分，反而形成了相对于外部权力关系的一种内部纽带；并且在集体化末期，相对于强大而无所不在的国家治理机器而言，由双方共同构成的乡村基层行动在影响和推进更大范围内的政策变动上，仍然是极其保守而脆弱的。

在对历史文本的多层分析中，本书还发现了一个有趣的现象：国家政治精英和基层干部在其公开文本中强调农民在变革中的推动作用；而农民自己的叙述则表明其自身的观望与犹疑，以及在实际的政策转变过程中基层干部和外部权力的影响。正是这一相互矛盾的历史叙述为洞悉中国社会的权力关系和底层政治提供了至关重要的理解渠道。

农民的叙述文本显示了集体化末期农民的主体行动主要表现为对国家治理话语和逻辑的"部分洞察"（partial penetrate），以及通过对国家原有话语要素的重新解构和建构，表达了自身对现实权力关系的理解和对政治世界的价值伦理期待；同时，国家的治理技术也可以成为农民底层政治的重要行动工具——正是由于洞察了"总体性社会"对塑造典型和营造戏剧性表演场面的重要诉求，基层农民才会在其公开文本的表述中尽量迎合国家治理的需要，同时也为自身争取更多的利益和资源。尽管农民的主体行动在集体化末期表现为上述种种形式，然而其行动模式仍然在很大程度上局限于国家允许的制度框架内，并复制和再生着国家既有的治理基础和逻辑。基层乡村的主体行动仍然具有暂时性、脆弱性和观望性的特点，在很大程度上依然依赖和仰仗着外部政治局势的变化、发展，尚未像主流历史话语中描述的那样"成为中国新的发展动力"（Zhou，1996）。事实上，集体化末期的基层乡村行动仍然保留着分散、权宜和游移不定等底层政治的特点，更多的还是"对个人利益的反应或消极的抵抗，而不是试图去直接改变国家"（米格代尔，1996：175）。

如果说集体化末期，中国乡村基层社会的行动能力并未如国家主流叙事中所述的那样强大而集中，那么基于群众利益和群众呼声的"群众路线"为什么会在中国市场转型的过程中被赋予如此重要的意义？正如孙立平等指出的那样，中国土地"去集体化"过程是在政权和意识形态连续性的背景下运作的，这一点与苏东改革显然具有不同的特点，"苏东的市场转型是与政体的断裂联系在一起的，这意味着在大规模的市场转型发生之前，政体和主导性的意识形态都发生了根本性的'转变'。这样就为名正言顺的、大规模的、以国家立法形式进行的市场转型提供了可能性"（孙立平，2002）。这就意味着国家在转变其基本土地制度的同时，需要维持原有意识形态和话语结构的延续性。兰瑟姆（Latham，2002：220）在对东欧剧变的研究中指出，政府的合法性一方面当然来自其物质表现，而更多的则来自政府对"转型话语"（rhetoric of transition）的使用。因为只有如此，人们才能够为自己的生活经历奠定阐述的基础，在他们的过去、当下与未来之间建立起不可或缺的联系与纽带。在苏东一些地区，由于在制度转变的同时忽视了过去 50 年来共同的历史经历所塑造的认知资本（cognitive capital），部分国家或地区丧失了其合法性基础，出现了农民与国家之间互不信任的状态（Giordane，2002）。

对于中国这样的国家，在制度转型的同时又要维持原有的国家政权统治，承续既有的治理意象和话语结构的一致性显得尤为重要。土地制度转变的合理性显然无法从原有官僚体系和正式制度的逻辑中自发地生长起来；国家在前 30 余年社会主义改造过程中确立的社会规范和信仰，已深深镌刻在国家肌体之上，无法轻易抹去。这就导致改革派领导者在进行农村政策变革的同时，不能忽视已有的政治治理基础，而需要从已有的国家话语要素中进行拣选和重新黏合，使得国家意识形态话语既能保持延续，又能向新的可能迈出至关重要的转变的一步。正是在这一点上，作为党的根本政治路线和组织路线的"群众路线"起到了关键性的纽带和桥梁作用。"人民群众"及其生存需要既是人们基于已有的国家治理意象和目标所能够接受的理念规范，也为接下来的改革派领导者所推进的制度变革奠定了新的、更具稳定性的合法性基础来源。从这个角度而言，"群众路线同时更是意味着对中国共产党性质以及对于一整套具体程序技术与治理传统的实质性理解"（孟庆延，2012）。

四　本章小结

这一章我们展现了在集体化末期，村庄中积蓄已久的紧张状态如何在一次自然灾害的威胁中被激化起来。集体生产的瘫痪，谣言与恐慌的出现正是在危急状态下农民生存逻辑的一种体现。面对这一危机，国家的不同层级势必要在可能的行动范围内做出相应的调整和让步，如政策的暂时性变通，以科层体制之外的工作队形式深入乡村展开治理，对农民自发行动的通融和默许等等。可以说，这是在抗旱救灾的紧急状态下，国家治理逻辑向农民生存逻辑的一种妥协。

在对村庄叙事的三种不同文本的考察中，我们发现：基层干部和普通村民隐藏文本并不是斯科特笔下各自为营的状态。相反，这是一个相互汇聚的叙述：村民们能够洞察到基层干部的犹疑和试探，而基层干部也能够觉察到农民的谨慎与不安。这种双方共同的不确定性，以及基层干部对上层态度的关注，共同向我们揭示了村庄行动作为一个主体，相对于外部力量而言仍然显得脆弱。尽管面对灾害，国家出于生产自救的目的，赋予村庄暂时的自主性；然而村庄仍然如一叶扁舟，在很大程度上其内部的行动能力仰仗着局势的发展、变动。

另一方面，在公开文本中，农民也不必然会与官方话语保持完全的一致。相反，两种公开文本之间呈现一种互为对象的有趣形态：基层干部强调农民的推动作用与积极性，而普通农民则盛赞基层干部的个人魅力。官方对农民主导作用的强调我们会在下两章继续进行考察；而农民对"工农好干部"等官方话语的采用，虽然是对这样一套话语系统的再生产，然而更重要的是，我们要看到在这一合法化表述形式的背后所隐藏的农民自身的政治－伦理期待和利益考量。

第五章
从"试点"到示范：国家改革派对农民意愿的凝聚

在第四章中，我们以一个村庄为样本，展现集体化末期中国农村所面对的紧张局面。黄花村只是中国千百万个村庄中不起眼的一个，包产到户的实践在历史上不同时期也曾以各种不同的形态出现在不同地区。如果没有接下来的一系列故事的展开，黄花村也许会和其他许多村庄一样，在灾害结束之后，重新回到"三级所有、队为基础"的旧体制之下。

然而，由于种种机缘，这个村庄悄然发生的变革进入了安徽省委决策层的视野。以安徽省委书记万里为代表的改革派，正苦于无法从政治体制内部启动自上而下的变革（见第三章第三节），黄花村的出现显然为变革提供了另外一种契机。正是在这样一种背景下，省委政策宣传队选择来到黄花村所在的山南区，以宣讲会的方式调动基层农民的意愿，将农民中存在的各种纷杂的声音划归一致，并最终在山南公社设立了包产到户试点。

下文中，我们分别从试点的拣选——为什么选择黄花村所在的山南区，试点的确立，试点过程中遇到的来自国家科层制内部的阻力及其化解；以及最终安徽省委对试点的验收、示范与推广几个角度来考察国家改革派力量如何将乡村中自发产生的行动萌芽进一步培育出来，从而为下一步改革的推广和深入奠定实践基础。

一 试点的拣选：村庄行动进入权力视野

山南区只是中国千百万个地区中不起眼的小小一个地区，历史上没有任何值得一提的名家大事。即便在安徽省，在成为包产到户的试点之前，这个区也没有丝毫特殊之处：既不是高产量区，也不是特别落后的地区。为什么安徽省委选择山南公社作为包产到户的试点呢？这与前章中所述的山南公社所在的山南区区委书记汤茂林在黄花大队所展开的一系列村庄行动密不可分。

汤茂林在回忆中说道：

> 搞包产到户，当时也有人反对。如 1978 年 9 月 21 日，黑龙大队杨邦生产队有人给省委、市委和县委主要领导写我的"人民来信"。信上说：肥西县山南区区委书记汤茂林领导 10 万人向何去，他在山南大搞曾希圣式的"包产到户"，是刘少奇"三大一包、四大自由"的灵魂。（汤茂林，2006：261）

正是这样一封小小的人民来信，使得名不见经传的山南区进入了安徽省委决策层的视野。时任安徽省农委主任周曰礼在自述中说道：

> 当时人民来信多得很，反映山南搞"单干"。山南区区委书记汤茂林和区委的干部，包括下面的公社干部都害怕。那时刚好十一届三中全会召开了，中央要求要原原本本地给农民传达会议文件精神。这样，1979 年 2 月初，春节刚过，我们十几人到肥西县，县委也抽出十几个人，一共三十几个人到山南区宣讲文件，不光宣讲，还要组织农民讨论。为什么选择去山南，就是因为当时人民来信很多，主要反映的就是这个地方搞"单干"，"单干"其实就是包产到户。我们就到人民来信多的地方去，所以我们先到山南公社。（周曰礼，2006：198～199）

这段话试图解释为什么省委工作队的宣讲会选择在山南召开。从字面上看，可以这样理解：因为当地人民来信多，反映的问题多，工作队要到群众意见多、存在问题多的地方去。这也符合上一章谈到的工作队的一般性质。然而，这段叙述中不只提到了人民来信，还特别强调了"单干"。那么工作队特意选择到有"单干"基础或者说"倾向"的公社，原因何在呢？汤茂林在一段回顾中这样说道：

那封"人民来信"万里书记也收到了，并转批给顾书记。顾书记阅后又批给王光宇书记。王光宇书记又批给周日礼主任。周主任阅后批给省委政研室沈章余，要他到肥西去调查。这样批来批去，两个月过去了。

沈章余到肥西后与县农委主任魏忠同志一道去了山南，魏忠向我介绍了沈章余，事后，我留他们吃饭，他们不肯，坚持回旅社吃晚饭。走后不到一小时，他俩又回来了，并向我要饭吃。我到食堂炒了几个菜，打了一斤酒，在我的房间三个人吃了起来。边吃边谈，一斤酒快喝完了，沈章余才说："我和魏忠是来调查你的问题。"说完他从包里把那封"人民来信"拿给我看。他对我说："汤书记，你是干对了，中央十一届三中全会正在北京召开，也许今后的路子就照你这么干。"（汤茂林，2006：262～263）

可见，省委政策宣传队之所以选择山南公社，并不单纯是由于这个公社的工作中存在问题导致"人民来信"；而更可能是由于该区领导在村庄中展开的包产到户的尝试与安徽省委改革派的一些设想相呼应，"也许今后的路子就照你这么干！"

改革派领导者希望在基层建立试点，"看一下哪个区的书记年轻，到哪个区去搞"，"因为年轻的他接受新事物快些啊"。在种种机缘之下，黄花大队所在区的山南公社进入了安徽省委决策层的视野，并由于其抗旱救灾的尝试与省委高层决策遥相呼应，而成为当时省委改革派推行包产到户的先行地。

二　试点的确立：对群众意愿的调动

1978 年 12 月，党的十一届三中全会确立了解放思想、实事求是的正确思想路线，实现了历史的伟大转折。三中全会虽然解决了思想路线问题，但对一些具体政策问题的解决不可能一步到位。全会通过的《中共中央关于加快农业发展若干问题的决定（草案）》及公报中规定的发展农业的政策措施和经济措施，主要是依法保护从公社到生产队的自主权，不允许无偿调用和占有生产队人财物，贯彻按劳分配原则，允许自留地、家庭副业和集市贸易的存在，坚持三级所有、队为基础的制度不变。同时也明确规定"不许分田单干"，"不许包产到户"。

这就使得国家科层体制中的改革派官员无法从政策推行的制度渠道中，自上而下地发动包产到户，而需要绕过中央文件的政策规定，以另一种更加策略性的方式展开变革。

"试点"是党惯常采用的一种工作方法。无论是土改、合作化、人民公社时期，还是现在的税费改革、新农村建设、合作医疗等，都会采用试点的工作方法。这种工作方法可以说是从小范围的实践中开始，上升到政策层面，然后再全面推广。试点往往是国家高层已经有一个明确的发展方向或目标，但对于具体实践的展开尚未达成一致意见，先在部分地区进行尝试性的运作，之后在总结经验教训的前提下，向全国推广展开的过程。可见，虽然是"试"，但并不是说这种尝试本身是突破性的，而是在中央政策方向已经明确的前提下进行的具体运作方式上的"尝试"。我们上文提到的改革前后的"试点"莫不是如此。

但是在市场转型的进程中，特别是作为市场转型的第一步，打开制度性缺口的农村家庭责任制的试点，却具有与上述试点不同的性质。它不但没有获得当时中央文件的支持，而且直接与当时的文件规定相抵触。也就是说，这种试点并不具有国家政策允许的合法性基础，那么它一定要另外寻找一种支持性的力量。这或许是为什么民众的意愿在这一过程中被赋予如此之大的重要性。民众集体意愿可以说是除国家中央政策文件之外，政府行为具有合法性的另一个有效来源。然而在实际情形中，恰恰不能回避的是，改革开放之前的农村并不是一个没有分化的整体，而是存在由生产方式、劳动分工、家庭结构、世代经历等不同原因造成的农民之间的分化，以及以此决定的农民对包产到户的不同态度和反应。三十年集体化话语的宣传和历次政治运动的上演也让农民对触碰"包产到户"这一政治禁区有所忌惮。因此吊诡的是，为了打破集体化时期形成的制度和话语桎梏，改革派领导者反而需要运用土改以来逐步形成的类似"工作队下乡""政策宣讲""群众发言"等社会动员技术，才能让普通民众的声音得以表述并向上传达；但是这次"试点"的目标已经与之前历次尝试具有根本性的不同。

在下文中，我们将考察改革派领导者如何将分化的群众意愿凝聚与上升为"自然化"和"神圣化"的"公义基础",从而为推进全国范围内的变革奠定合法性逻辑。正是在这一意义上,基层"试点"的拣选、确立和推广可以视为改革派领导者在更广的层面上推进制度变革所展开的突破性尝试。

(一) 集体化末期农村社会的分化

已有的研究认为,人民公社时期的农民在经历过社会主义改造之后,成为类似的原子化的个体,农民与农民之间并不存在太大的差别 (Kelliher,1992;Zhou,1996)。然而实际口述材料则揭示出,改革之前的农村并非一个没有分化的整体,集体化时期的农村同样存在由不同的生产方式、家庭结构、劳动分工、世代经历所带来的分化,以及由此带来的乡村社会极其有限的行动能力。

1. 生产方式

兰普兰德在对罗马尼亚农庄私有化过程的研究中发现,由于一些集体农庄中机械化作业已经得到广泛普及,农民事实上不愿回到家庭经营之中 (Lampland,2002)。崔大卫在对东北的调查中也发现了类似的情形:中国东北地区包括辽宁、吉林、黑龙江三省,拥有三江平原、松嫩平原、辽河平原等大平原,耕地平坦,集中连片,适宜农业机械以较大的功率进行宽幅和高速作业。东北地区作为我国的工业大省,也是全国农业机械化发展最早、基础条件最好的地区之一,20 世纪 50 年代末就基本上构建了农业机械化体系,开始利用机电动力进行农田排灌、谷物脱粒加工和以拖拉机为动力发展平原地区的耕整地作业。从 20 世纪 60 年代起,随着农业生产力的提高和农业耕作制度的改革,具有东北特色的农业机械化生产方式已经逐渐形成 (张勋,2006:1)。

这与以安徽为代表的丘陵坡地地区麦稻轮作的生产方式存在很大差别。在这些地区,大型机械化耕作由于农作物和地理条件本身的限制很难展开。例如,我国从 20 世纪 50 年代就开始对水稻机械移栽进行研究,然而到2000 年水稻种植机械化水平只有 4.43%,目前仍以传统的人工育秧、插秧为主,生产工艺落后 (王利强等,2006:28)。

江苏省又是另外一种情况。崔大卫在研究中指出,他所调查的江苏省农业经济在集体化时期依靠大规模的水利和农田建设项目取得了粮食高产。

一方面，他们能够以“超产粮”高价卖给国家；另一方面，公社和生产队企业获得的收益又重新投向集体农业，从而使得江苏省的农业在集体化时期取得了很好的成效（Zweig，1997：51）。

无论是江苏、浙江这样集体积累较好的省份，还是辽宁、吉林等农业机械化发展成熟的地区，都因其与安徽省不同的生产方式，从一开始这些地区的农民就对包产到户采取了与麦稻轮作地区的农民截然不同的态度。“在那些更加富裕的地区，集体生产通过乡镇企业和粮食产量的提高带来了生活水平的改善。这些地区的农民并不愿意冒险：尽管这一体制在二十五年前并非没有缺陷，为什么现在还要解除这种已经确保并仍旧有效的生产体制？”（Zweig，1997：54）

2. 劳动分工

除了由不同的家庭结构所导致的分化外，由劳动分工本身所导致的农民对包产到户的态度的分化也存在于广大村庄中。在一般人眼中，“农民”的定义本身就是“以农业劳动为生”，似乎农民都在从事相同或相似的农业生产。然而事实上，中国乡土社会的封闭性导致在一个狭小的村庄中要有满足人们吃、穿、住、行、生、老、病、死乃至休闲娱乐等各方面需求的具有所有专长的人。比如磨豆腐、下挂面的师傅，弹棉花、做衣服的裁缝，造房子的木匠、瓦工和石匠，开大车、养牲口的车把式，接生婆、赤脚医生、教书先生等，甚至我们可能会忽视农民们还有“剃头”“挖耳朵”这样必不可少的日常需求。

> 理发都充公，拿工分。一个头二十分，二十分啦。就两个劳动日，一年就两个劳动日。划算到现在，一个头就是5毛6分钱。那时候多长时间剃一次呢？男的是10天一剃头。是这样搞法的，农村那时候的习惯，就是理发的时候顺便挖耳朵。我干十个生产队，一个生产队六七十头。我们那时候理发就算还好一点的了，活要轻巧毫子。就是吃，在哪个生产队剃就专门在哪个生产队吃，一户一户走着吃。5毛6分钱一个头，一个月剃三次头，一年你算算。都剃光。现在就剃半个头5毛6分钱也不照啊。我是19岁开始剃头，剃到40岁。（THU070128ZF）

就这个意义上而言，“农民”并不是一种与工人、商人、医生、教师等职业相并列的概念，而是作为一种社会－文化类型的"农民"。也就是共同生活在一个相对封闭的"乡土共同体"中的成员。他们相互依赖、自成一体，并且存在着"劳动分工"上的差别。

在集体化时期，这些劳动分工上的差别以"工分"的形式纳入生产队的分配体制中。正如上一段材料中展示的，这个从 19 岁就开始给十个生产队七八百号人理发的"剃头匠"是靠"手艺"而非参与农业劳动获得生产队支付的口粮。类似这样的手工技艺服务的提供者在从集体化生产转变为家庭式生产劳动的开始阶段，就面临着角色的重新调整和适应过程。

一个木匠的女儿回忆道：

> 分田分到户，我家爸爸不会犁田，哎，干不上来。这些人干不上来，平常干别的活。（THU070205LAY）

乡村教师的妻子也有类似的回忆：

> 干不动活。多多少少有点，我们单门独户的，身体又不好，有些话不敢讲，不像旁人在自己的老家窝里，讲话不计较，不就好些嘛。（THU070118DQZ）

3. 家庭结构

作为劳动密集型产业的传统农业生产方式，在很大程度上依赖劳动力的充分供给。这就意味着不同的家庭人口数和年龄、性别结构会极大地影响农业劳动的开展和最终利润的获取。

> 时间一长呢，在分配上啊，存在着两大差距。一个是劳力强，劳力弱；一个是人口多，人口少，通俗来讲就存在贫穷与富裕。（THU060504LLY）

> 整个生产队就在一块评五毛几分钱一个工，高的就是七毛几分钱。所以各个生产队不一样，不平衡。有的高啊，有的大户，是劳力多的，家有两三个劳力，顶多一年得两三百块钱。除了口粮、除了开支，一年得一两百块钱。再有就是小孩多，夫妻两个，带三四个小孩子啊，

必定超支。那时候超支还限制哎。不给支口粮。到时候会计算账，支粮啊，一年支几次粮。就是午季支小麦，早稻上来支早稻，中稻上来支中稻。平时上来，支给你吃。到最后呢，一道算。你家缺工分，那就超支，那你要拿钱上来，不拿钱上来，就不给支口粮，就这个办法。(THU060511XSD)

这是黄花村原大队书记对集体化时期村庄中不同的家庭结构造成分化的一段叙述。可见，如果家庭里弟兄几人，且都已成年，父母身体健康，这种劳力大户一年还能"得一两百块钱"。而如果是年轻夫妻带几个半大不小的孩子，只有丈夫一个强劳力，妻子可能还要照顾老人孩子，就会造成家庭收支不抵，生活困难。这种缺少劳力的家庭还包括寡妇、军属、工属、老人、残障家庭等。这样的家庭在包产到户之后，势必面临一些抢收抢种和需要重劳力的农活没有办法单独完成。

汤茂林在黄花村进行"四定一奖、包产到户"的尝试时，就遇到一部分缺少劳动力的家庭不愿意分田到户的情形。

头年汤茂林在这来蹲点，头年冬天来分田，先是借田，点油菜。结果第二年呢，田先分到组吧，然后就偷分，汤茂林那时候在的时候，我们就讲偷分。然后，我们五六户啊，刚好遇到魏××和董××两个大困难户。那时候我们一个组，讲不分。那我们就在一块干啊。怎么干啊!? 他们是困难户，没人干，老的老，小的小，男的还在外工作，没人干。(THU070205ZDD)

于是就保留了五六户邻居和这些家庭组成小组，互助生产。结果一年之后，尽管这些缺劳力的家庭仍然不想分户单干，可是邻居们却由于在生产过程中被这些家庭"拖后腿"，干得太辛苦，不愿"和这些困难户捆在一起"。

他（汤茂林）跟小权两个找到我，问你们还在一起干一年可照啊（行不行）？还叫我们干一年。我们就五六户，叫我们一个小组在一块再干一年试试。我讲你就是把我头割掉了，我也不在一起干了。没人干，干不撒，都是些女的，怎么干？我一天到晚跑都要跑得，一早上我都要跑一二里路，才能把田给看住。那个水车闸就没人干，不像现在有电的，就搞这个谁都要命啦。我讲，还干一年，我皮怕塌掉了。五六户，我吃亏，小组里女的多，跟在我们后面转转，到农田干活没我们不照（不行），她们好多活不能干。挑担不照，好多重活都不照。是的，我头疼。后来我就不干了，都分掉了，我硬是分掉了。不然日子都不能过。（THU070205ZDD）

从上面的资料中可以看出：劳动力供应不足的家庭希望留在集体化的生产方式中获得农业生产的协助和生活保障；但那些家庭结构完整、劳动力供应充分的家庭则更希望通过农业生产家庭化来实现自身利益的最大化，而不愿为公共产品支付过多的劳动成本。

4. 世代经历

除了上文中提到的由生产方式、劳动分工、家庭结构等因素导致的农户在生产方式上的态度分化之外，我们也不能忽视不同的社会文化传统对农民的影响。正如汉姆福瑞在对西伯利亚两个集体农庄的研究中指出的那样，党的意识形态不只是一种非实在的上层建筑远离日常生活；还是作为日常生活的一部分整合在政治结构中，同时也作为个体意识的一部分存在（Humphrey，1998：7）。郭于华等在对陕北农民的调查中也发现，农民对合作社时期热火朝天的集体劳动、热情欢腾都怀有一种亲切的记忆，并且这种记忆多少都具有情感的真实性（郭于华，2003a）。

作为新中国成立后成长起来的一代，很多出生于20世纪50年代的农民身上都深深镌刻着那样一段独特的成长经历留下的情怀。丁增明就是这一批农民中的一位。她出生于1952年，家庭出身贫农，父亲是老共产党员，1972年高中毕业她抱着服务人民公社的思想，回到生养她的馆北村任大队妇女主任。

我家爸爸也是多年的老生产队长，也是老共产党员，他思想也怪好的。……

那时候在学校学习毛泽东思想，回到村里也很有干劲。那时候就是当讲解员哦，讲毛泽东思想好啊。那时候就十几岁，整天到晚就红语录本拿着，老三篇啊什么的，都是毛泽东思想的，都是这一类的。……

那时候搞持枪民兵训练，我那时候是民兵队长，会打靶子，打枪。那时候，5 发子弹一般都打到 40 环，我能打到 48 环，满分就 50 环，我经常就是四十七八环。现在，人家讲女同志怕放爆竹，就是再大的爆竹我都敢放。因为我敢打枪啊，我就不怕响，敢放爆竹（笑）。我们在家过年，大舅不敢放爆竹，我都敢放。（笑）他问我怎么不怕，我讲我是打过枪的，我不怕。我回村子之后学的，站着打，爬着打，蹲着打，我都打过，都照（可以），我都能打到 40 多环。现在眼看不见了，不照了。（笑）那时候就是想干革命，搞民兵训练，那时候在操场上，喊操，喊队，我都照。我们那时候都比赛，经常在一块学习，唱歌，比赛，都这样干。那时候年轻，也开味（有趣、有意思）。（THU071027DZM）

至今回忆起当毛泽东思想讲解员，在民兵训练中打枪、喊操的故事，这位已经年近六十，如今在山南镇街边摆摊卖炊具，看上去普通得不能再普通的家庭妇女，会在眼眸中忽然迸发出当年的激情和憧憬，好像又回到了自己的青春年华和自己为之付出真情的时代。不难想象这样一位"生在红旗下，长在新中国"的年轻妇女干部在一开始面对变革的时候，无论在情感还是在价值判断上都很难改变的状态。

一开始还是想不通，应该还是集体化好。那时候毛泽东时代出生的人，毛泽东思想深入人心啊。因为我们都是在大集体的时候入的党，毛泽东思想在我们脑子当中，在头脑当中基本上算是扎根，是吧。一开始人家讲，要分田到户嘞，都是私干嘞，我们都怪想不通的。（笑）

我们讲怎么走集体化道路，又分田到户，当时都想不通啊。原来就这么搞法。开会的时候，公社书记讲要分田到户啊，都想不通，是的，都做个人的、村干的工作。就是讲毛主席不是讲走集体化的道路吗，怎么就要分田下户，怎搞的？人家都讲就是走资本主义了，上来就是思想都不通。（THU071027DZM）

5. 制度变革的成本

不只是利益和价值上的分化导致农民对包产到户持有各种不同的意见，

国家政策的变动与调整也让脆弱的乡村不得不考虑制度变革带来的潜在成本和损失。

> 农民也不知道以后能不能干长，反正就是讲，干长了还好，那不就越干越富嘛。但要干不长，你干个把两年，你就要置农具了。队里面有的那个，分到户不够用的，你还要置毫，添点。置农具你也要一笔钱哎。家家分田到户啊，这些犁啊、耙啊、耖啊、牛啊，这些都要置哎。起初农民也想不通。最后啊，政策稳定下来了，大家都认为这个能干长了。上面开会也三番五次讲，承包到户，就是五十年、三十年不动，群众也就放心了。好像就是讲怕干不到那么长的时间，这是最怕的。第二点啊，开始私人干的时候，有收入没收入，不敢讲，还不晓得会有好大的收入，就是这个不放心。（THU071027DZM）

包产到户之后，农民家庭需要自主添置一些农具、肥料，但对制度发展方向的不确定性使得农民需要考虑这些成本的现实收效，以及政策变革本身的稳定性和延续性所带来的成本－收益。

可见集体化末期的农村社会并非一个没有分化的整体，而是存在由生产方式、劳动分工、家庭结构、世代经历等差异所导致的不同；同时，制度变革的成本本身也使得农民对"包产到户"的态度存在犹疑和顾虑。上述种种或许也是我们在前文中谈到的乡村社会行动能力的有限性和脆弱性之根源。

（二）政策宣讲会：对农民意愿的诱导和凝聚

1979 年 2 月 2 日，省委政策宣讲队带着特定的工作目标进驻山南公社。然而由于历次政治运动的不断上演，改革派要想从民众中直接寻求统一的意见作为试点展开的合法性基础显然也并非易事。因而在正式确立试点之前，需要以省委政策"宣讲会"的形式，代表省委高层意见直接与被选地的干部群众进行沟通，相互了解，彼此熟悉，从而为下一步工作的展开奠定基础。

时任山南公社党委书记王立恒在一份材料中回忆了省委政策宣讲队到来的情景。

1979 年初，中央下达了关于农业的两个文件。春节刚过，2 月 1 日（农历正月初五）下午 3 时，我接到一个电话，是县政策研究室打来的，要我第二天不要外出，还说公社干部都要留在家，省里有人来我社，并说省委主要领导可能也来。放下电话后，我心里猜测，是不是万书记要来，思想有些紧张起来，如果万书记真的来了，我们怎么向他汇报呢？如汇报的内容对不上号，害怕要受批评，很有些顾虑。想想不论三七二十一，汇报材料还是要准备的，就这样忙到深夜 12 点，材料准备好了，没想到第二天一句也没用上，空忙了大半夜。

2 月 2 日 9 时许，省农委主任周日礼，副主任刘家瑞及县政策研究室魏忠主任一行 14 人来到公社。我们区、社集中 40 多人在公社会议室等他们。没想到他们专程来不是别的，是来给我们提前宣讲中央关于农业的两个文件，搞宣传贯彻两个文件的试点。文件传达后，周日礼就会议讨论出题目："怎样把农业搞上去？"他要求大家围绕这个主题，大胆讲，不要怕，并宣布几条：一是不打棍子，不抓辫子，不搞秋后算账；二是解放思想，农业生产的形式可以百花齐放，多种多样，你怎么想就怎么讲。其中潜在的含义大家一下难以摸清。当时会场无人发言，每人心中就像押宝一样，谁也不知道怎样才能押得对。有的想讲又不敢讲；有的还要看看势头，否则，一句话不慎就要倒霉了。因农村干部在过去反"左"、反右中有不少人吃过这方面亏，所以会场只有极少数人发言。即便发言，也只是讲些官话、套话，对不上他们的意图。（王立恒，1998：102）

当时省委宣讲队到山南公社，并不只是为了政策宣讲或征求群众意见，而是带着特定的工作目标。

当时，省农委主任周日礼到区里来，来点活，讲这个，你们可以采取一些措施啊，但他也不好讲明。（THU070119QXY）

到达山南公社后，他们首先组织了区、公社干部召开会议。虽然明确了会议主题——"怎样把农业搞上去"，并且宣布畅所欲言、无所顾忌，但是在当时的政治氛围和形势下，双方都无法直入正题。上层干部"要求大家围绕这个主题，大胆讲"；基层干部则在揣摩上层的意图，发言如同"押宝"，会议陷入了僵局。

当天下午，由各级干部组成的政策宣讲组又直接到基层，代表国家直接与公社十八个大队的农民进行面对面的交流。

> 当天下午，由省、县、区、社四级干部组成的 18 个小组分别到 18 个大队向群众宣讲这两个文件，开展了如何把农业搞上去的大讨论。2 月 3 日，新上任的县委书记李尚德同志（现已故）也闻讯赶来，连续三天与群众一起参加讨论，听呼声，看动态。他当时的思想是比较开放的。有些胆大一点的群众虽然想包产到户，而中央文件明文规定：不许分田单干，不许包产到户。于是，有人说：早也盼、晚也盼，盼来两个不许干。虽然干部们在讨论中一再要群众大胆发言，可光讲怎么行呢？就是干部自己也是心中无数。而周日礼、刘家瑞在大会小会上则一再强调说："三中全会路线是实事求是的，要尊重农民的首创精神，农业方式可以百花齐放，多种多样。"文件宣讲后讨论了五天多时间，全社干部还是摸不清上面的底细。光讲可以多种多样，农业生产方式这个花怎样放，采用什么生产方式，各人心中都有一本账，但谁也不敢讲，不愿先开口。（王立恒，1998：103）

不但基层干部顾虑重重，有所顾忌；普通农民也"不愿先开口"。因为有国家正式文件的规定，国家科层制官员不能在群众面前主动"表明自己的态度"，而"要按照中央文件精神讲话"，希望群众能够主动提出土地制度变革的要求。

> 当时就我个人的思想是倾向包产到户的……但是，我们这次去宣讲，中央文件明确规定了两个不准干：一个不准分田"单干"，一个不准包产到户。所以我们也不能表明我们的态度，要按照中央文件精神讲话。在当地我们把大家召集起来，把文件读过以后，组织群众讨论，可谁都不发言，没人讲话。（周日礼，2006a：199）

经历了历次政治运动的群众，显然也有自己的顾虑。尽管在私下的场合，大家议论纷纷，"包产到户那倒好极了"。但是一到与国家政策宣讲队面对面的正式场合，"没有人愿意发言"，"没哪一个敢签字"（THU070128DJ）。政治运动的一再上演，已经教会了农民们区分非公共场合与公共场合的能力，"这种能力的出现是日常生活遭遇意识形态教育的应对"（郭金华，1997：27）。曾经的政治斗争记忆如同抹不去的伤痕印刻在乡村社会的集体记忆中，在每个相似的场合，这些似曾消散在日常生活中的零碎的记忆又被重新翻找出来，在新的情境下被农民们再次印证而得到巩固。

> 1979 年冬天借的地，接着上面来人了，在我们村里面，那时候叫大队，不叫村，在大队里面开会。就组织群众开会。就讨论，讲已经春天了，借给群众那个地啊，油菜和麦子都长得蛮好的。当时大概是中央政策研究中心调查研究，在我们大队里面，到山南地界，开会叫群众发言，是集体好一点，还是把这个田地分到户好一点。当时群众讲，肯定分到户好一点，叫发言的时候啊，就没哪一个讲。不发言的时候，没开会之前的时候，大家都在讲，分到户倒好极了。后来就来了几个人，几个人讲，你们只要是心里话，（就只管讲）。正在开会的时候搞记录的时候叫人家讲，人家就是不敢讲。后来他们那个工作组就是讲看到了，也听到了，但是最后怎么记录，不晓得。没哪一个讲签字，注名字，没哪一个敢干（笑）。（THU090128DJ）

在连续 5 天的宣讲会陷入僵局的情形下，省委政策宣传队不得不采取更加明确的方式，"诱导"农民们回忆什么时候生活得最好。

> 我们只好开始诱导，叫他们回忆什么时候生活得最好。老百姓有的讲土地改革时生活好，不少人讲是曾希圣搞"责任田"的时候生活好，"责任田"时生活好是因为土地分到户、老百姓生产自由。会上我们进一步引导他们说：中央期望你们多提意见，你们有什么好办法就提出来，我们把你们的意见向中央反映。群众中有人说：包产到户中央文件上讲不准干。"如果你们认为包产到户这种办法好也可以提。"我们这样一讲，老百姓的话匣子就打开了。他们讲"早也盼晚也盼，

117

最后盼到两个不准干";有的讲上面不相信我们农民等。大家讲了很多想包产到户的意见。(周日礼,2006a:199)

当有农民提到土改和 1962 年实行"责任田"生活得到改善时,宣讲队又进一步肯定中央尊重农民意愿的诚意:"你们有什么好办法就提出来,我们把你们的意见向中央反映",使得农民试探性地反诘:"包产到户中央文件上讲不准干",从而把"包产到户"这个当时无异于禁区的设想纳入了国家以非常规形式收集民众意愿的制度渠道。并且进一步以动员、会议、学习、讨论的方式宣讲田地包到户的优越性:"后来就是三番五次的,开会,做思想工作,讲包产到户好。"(THU071027DZM)

正是在这样一系列策略性的上下交流和互相试探的过程中,无法自上而下打开制度性变革缺口的省委改革派,以"工作队政策宣讲"这样一种合理、合法的形式,将农民的意愿调动起来,以对政策提意见的方式,表达了作为国家科层制一员无法直接宣布的、有违中央文件明确规定的异见。正是在政策宣讲干部一系列引导、暗示、调动的努力下,普通农民谨言慎行的顾虑和纷繁多样的立场才会被如此划归一致。

(三)被划归一致的声音

在安徽省农业委员会政策研究室一篇名为《干部、社员普遍要求实行定产到田、责任到人——宣讲中央关于农业的两个文件的试点情况》(以下简称为《试点情况》)的文件里,上述顾虑、"押宝"、试探、揣测、带动和引导都被隐去了,我们看到的只是动员之后被划归一致的农民群众的普遍意愿。

1979 年初,遵照省委的指示,省农委抽调了 12 位同志,并吸收部分县、区、社的同志,组成 38 人的省委工作队,于 2 月 1 日去肥西山南公社,直接向干部群众宣讲中央两个文件。[①] 在原原本本宣讲中央两个文件的基础上,干部、群众展开了热烈的讨论。大家对生产责任制问题最感兴趣,普遍要求实行包产到户办法。对包产到户办法,不仅

---

① 中共中央〔1979〕4 号、5 号文件:《中共中央关于加快农业发展若干问题的决定(草案)》和《农村人民公社条例(试行草案)》。

群众拥护，党员、干部也拥护，不仅劳力强的农户，劳力弱的，甚至连五保户都拥护。

宗店大队19个生产队，干部、社员一致要求实行包产到户。他们说，不这样，农业生产就搞不上去。这个大队有位曾立过几次战功的抗美援朝军人张世林说，我讲句不怕坐班房的话，要想把农业搞上去，就要把产量包在户上。记得土改时，我家分三亩田，我不在家，请人代耕，每年17石稻子，现在，还是这几亩田集体种，每年只收6石稻子。

红星大队三合队社员汪其高今年75岁，老伴78岁。他说，去年分口粮1200斤，稻草800斤，油脂5斤，付款172元，由其儿子汪晋清（在合肥中学教书）负担。如果搞包产到户，我老两口可以种2亩水田，1亩旱地。水田全年最少可收2000斤粮，除交征购和集体提留外，自己可得1350斤。加上去年秋借种的6分地，可收小麦150斤，总共可收1500斤，比去年从集体分配的还多300斤，而且还不要付款。

湖中大队在讨论中，干部、群众讲，过去搞"责任田"时，牛力不足，粮食不够吃，人还浮肿，只干两年就富了，收的山芋吃不了，捆在草里当草卖。现在人多了，牛强了，干部社员都有正反两方面的教训，搞起来就更快了。

刘老庄大队的夏郢生产队社员王道银说，过去干活不知有多难！没有尿的也去撒尿，妇女不该喂奶的也去喂奶，如果让我们包产到户干，两三年内要粮有粮，要猪有猪，要啥有啥。

有个五保户说：我虽然没有儿子，但女婿、侄子可以帮我干。我希望包产到户。

红星大队民兵营长何道发说，越小越好干，绑在队里，队长动脑筋，分到组里组长动脑筋，包到户上，人人动脑筋。

公社粮站站长解其芬，家里7口人，老的老，小的小；供销社主任廖子坤，家里4个孩子，爱人生病，他们两人都说，从我们个人家庭来看包产到户，生产有困难，但可以想办法解决，从加快农业发展的角度看，我们积极赞成包产到户，搞大呼隆不增产，包产到组小增产，包产到户才能大增产。

在讨论中，干部群众还提出了不少意见。有的说，早也盼、晚也盼，盼到现在搞了两个不许干。还有的说，这次是省、县、区、社直接给我们宣讲中央文件，我们要求包产到户，如果这一炮打不响，就没有希望了。大家纷纷要求中央修改两个文件时，把"两个不许"去掉。（周日礼，2005：27~28）

在这段官方文本中，农民的意见被置于国家政策制定的核心基础位置。文件表明：中央在制定有关农业生产政策的过程中，深入农村，倾听普通民众的意见。在由省、县、乡各级领导干部组成的宣讲队面前，广大农民群众充分行使自己的民主权利，踊跃发言，纷纷对文件中"不许包产到户、不许分田单干"表示不满，要求进行修改。不仅基层干部、先进分子和普通农民普遍赞成，甚至连弱劳力、少劳力的家庭也积极拥护。

一般而言，任何一项政策都会相对更有利于一部分人。例如按劳动力分配的政策更有利于劳动力多的家庭，按人分配更有利于家庭人口多而劳动力相对较少的家庭，合作社时期参照生产资料分配则有利于土地相对较多的中农等。相对于集体生产而言，那些劳动力较弱（老年人或病人），或家庭人口多而劳动力少（寡妇、军/工属、成人少、子女多等）的家庭能否以家庭户为单位独立从事生产在很大程度上还是未知。然而，重要的是意见的统一。在上述材料中引述的8种意见中，民兵营营长1户，抗美援朝立功战士1户，作为干部和"先进分子"的代表。五保户1户，弱劳力1户（夫妻二人均在75岁以上，儿子在省城教书），劳力少的2户（干部家庭，子女多）。普通社员只有1户。还有一段讨论，没有具体指涉的主体，而是代之以集体名词"湖中大队干部、群众"。在8种代表性的意见中，有至少一半的声音是对包产到户政策有可能存在异见的农户。如果不但干部、先进分子、普通农民，甚至连这样弱劳力、少劳力的家庭都发出一致的声音，支持包产到户的政策，那么试点的确立显然得到了广大民众的普遍支持。即便与国家政策规定不符，却仍然因其"公义基础"而具有毋庸置疑的合法性。

（四）试点的确立

有了动员起来的群众意见作为基础，宣讲队成功完成了试点前的准备和酝酿工作，回到省城，向省委高层领导汇报工作情况。

（1979 年）2 月 5 日我返回合肥，当晚就向万里书记汇报……万里说："上面一再强调不准包产到户，不准'单干'，这不是一件小事，我还不好向你表态，明天我们开常委会再说，看大家的意见怎么样。"第二天，万里主持召开常委会，我把山南农民讨论的情况向省委常委会作了汇报。常委会上对此意见不一致，有人指出：按中央文件上讲不准干，我们要表态同意农民干，这是违反组织原则的问题，下级要服从上级，我们不能干；还有的人提出来：如果我们要同意农民干，首先要向中央写报告请示，中央同意以后，我们再表态（过去对"责任田"的批判，人们已被搞怕了）。

王光宇在会上回顾了 1961 年安徽推行"责任田"的情况，他说："责任田"对恢复和发展农业生产，克服农村困难局面，改善农民生活水平，确实起了很大作用。现在一讲起"责任田"，农民都非常怀念，说"责任田"是"救命田"。他主张有领导、有步骤地推行，至少在生产落后、经济困难的地方可以先实行这种办法。

上午会议没有取得一致意见，下午继续开会。在会上，万里谈了自己的意见，他说：包产到户问题，过去批了几十年，许多干部批怕了，一讲到包产到户，就心有余悸，谈"包"色变。但是，过去批判过的东西，有的可能是正确的，有的也可能是错误的，必须在实践中去加以检验。我主张在山南公社进行包产到户的试验，如果滑到资本主义道路上去也不可怕，我们有办法把他们拉回来，即使收不到粮食，省委负责调粮食给他们吃。到会同志对万里的意见都表示赞同。（周曰礼，2005：29）

尽管当时的安徽省委内部事实上对"包产到户"仍未达成统一意见（周曰礼，2005：29），但是以这份《试点情况》为依据，时任安徽省委第一书记的万里积极主张在个别公社和地区先进行"试验"，哪怕失败了，也不会给全局性的工作造成很大影响。1979 年 3 月 4 日，安徽省委在给党中央及国家农委的关于贯彻三中全会的两个文件的情况报告中，不仅充分肯定了包产到组的作用，而且表明"少数边远落后、生产长期上不去的地方，已经自发搞起了包产到户责任制的，我们也宣布暂时维持不变，以免造成不应有的波动。由于为数不多，允许作为试验，看一年，以便从中总结经验教训"（安徽省档案馆，1999：96）。

1979 年 2 月在安徽省改革历史上是非常重要的一段时间。由于这是布置一年农业工作的开始时间，因而需要抓住这段春耕前的宝贵时间，在全省推广各种形式的责任制，这为后续农业工作的完成奠定了重要基础。否则，一旦春耕工作已经展开，再进行分组、分户的变动，就要面临已投入的生产资料和劳动力等各种复杂问题。正是考虑到农业生产这种周期性的特点，安徽省委抓住时机，在全省推广各种形式的责任制。除了在山南公社进行包产到户试点之外，在全省广大地区，积极推动各种生产责任制，包括凤阳县的大包干到组等责任制形式也是在这段时间内酝酿完成的，这一点我们在第六章的讨论中还将涉及，此处先不表。

三　试点的阻力：来自国家科层制内部的紧张与化解

正如孙立平等学者已经指出的，中国的土地去集体化与市场化过程是在政权和意识形态连续性的背景下运作的，这一点与苏东改革显然具有不同的特点。"苏东的市场转型是与政体的断裂联系在一起的，这意味着在大规模的市场转型发生之前，政体和主导性的意识形态都发生了根本性的'转变'。这样就为名正言顺的、大规模的、以国家立法形式进行的市场转型提供了可能性。"（孙立平，2002）在这种延续性下发动变革要求国家在转变的同时，不破坏原有政权组织形式与合法性意识形态基础。这就意味着国家在这场土地政策的变革中，实际上面临着处理好下述三者之间的关系：土地制度变革的合法性，意识形态的延续性以及国家政权组织的稳定性。前两点我们在后文的讨论中还会涉及，这一节我们首先通过在包产到户试点过程中呈现出来的国家科层结构内部的紧张及其化解，来看看国家是如何达到原有政权结构的稳定性的。

怀特（Whyte，1989：239－241）把中国科层化的特点总结为"结构科层化"与"功能科层化"的相互背离。前者指国家垄断了整个制度建设的过程，正规的科层组织取代或废弃了所有的传统组织形式，中国成为一个各种资源和社会生活几乎完全由全新的、大规模的组织所垄断的社会。后者是指正式科层组织的各种理性化的形式规则、规范化程序被有意识地加以拒绝或无意识地被忽视，在这些大规模组织中通行的并非法理型权威，而是韦伯所说的卡里斯玛型权威或传统型权威，甚至就是简单的强制。应星（2001：361）在对中国社会中存在的"遗留问题"的讨论中，认为怀特对中国在1978年之前的分析过于极权化，而忽视了中国革命"参与式动员"（Bernstein，1967）的特点以及主体在自身利益追求上所采用的策略技术（Walder，1986）。

但是在一定程度上，怀特确实强调了一个事实，就是独立于目的理性之外的工具理性本身，已经成为一种相对独立的力量，并且对社会生活的运作产生了强大的反作用，使得任何一项政策的实行都无法绕过这强有力的"结构性壁垒"。这就导致在实践过程中，试点不但缺少正式科层文件的支持，并且根本就是与中央文件"背道而驰"。作为国家科层结构中的各级官员从政体本身的角度出发，都会反对或阻挠这一尝试的展开。这使得试点在运作过程中不可避免地遇到了国家政权体制内部来自各个不同层级的压力。

（一）试点的压力：来自科层制内部的紧张

1979年3月12日至24日，国家农委在北京召开由广东、湖南、四川、江苏、安徽、河北、吉林七省农委负责人参加的农村工作座谈会。会上，各省代表就生产责任制问题展开了激烈争论。国家部分领导人对包产到户实际上持相当反对的态度（杜润生，2005：104）。

为配合七省会议的召开，1979年3月15日，《人民日报》在国家有关领导的指示下，头版头条发表了署名张浩的人民来信，名为《"三级所有，队为基础"应当稳定》，并加编者按，指责包产到户、联产承包是错误的，是破坏社会主义公有制的行为，"应当正确贯彻执行党的政策，坚决纠正错误做法"（张广友、丁龙嘉，2000）。

除了代表中央高层的直接否定之外，国家其他核心部门的意见也以各种方式冲击着试点的设立。

> 1979年4月2日，省军区一位副司令员到山南公社找到党委书记王立恒，当面一炮批评："你可知道毛主席他老人家推翻了国民党反动派、解放全中国，打土豪、分田地，组织群众走合作化道路，才过上今天的社会主义生活。但是，你们现在搞包产到户，实际是单干，走

资本主义道路。"批评之后，立即打电话给县委书记李尚德说："包产到户不能干，要收。"李书记又打电话给我，要我按副司令员的指示干。（汤茂林，2006：264）

中国的军队与地方是一种非常微妙的关系。军队并不只是国家暴力的工具。相反，无论是在征兵、救灾、军宣，还是生产过程当中，军队和地方实际上具有相当紧密，甚至是日常化了的联系。军队在农民心目中是形象化了的"正义"和"纪律"的代表，而不仅仅是国家暴力的工具。柯丹青在文章中也特别强调了在中国，军方与国家政策之间的特殊关系。他指出，军队是国家的重要支柱，因而，军方对农村改革的怀疑、批评，甚至直接的干预和反对是一股不可轻视的力量（Kelliher，1992：75）。

山南公社所在的肥西县委也为这样一个自己辖区内的试点而感到棘手。先是在试点确立之后的几天内（1979 年 2 月 9 日）召开"三干会"，宣布：只准山南搞包产到户试验，不登报、不宣传、不广播，其他公社不许搞（中共肥西县委党史研究室，2005：93）。

伴随中央高层意见的摇摆、科层体制结构本身的压力和形势的不确定性，1979 年 7 月 16 日，县委发布了〔1979〕第 46 号文件，对地区内实行的包产到户进行批判和制止。文件中写道：

> 半年多来，我们在实行责任制的过程中，也出现了一些问题和偏差。少数地方……出现了分田单干，……暴露了小农经济个体经营的固有弱点。要清醒地看到，这些问题的出现，主要是由于前一时期社会上出现的一股"右"的思潮干扰所致。有些人公开散布集体不如单干、社会主义不如资本主义，影响到部分干部和群众，使他们怀疑集体经济的优越性，动摇坚持社会主义道路的决心。……那种认为集体不好单干是不对的，是不符合实际情况的。包产到户搞单干能调动社员积极性，也能增产，我们承认它，但它所调动的是个体积极性，而不是社会主义的积极性，增产是有限的，是不能持久的。（中共肥西县委党史研究室，2005：219~220）

县委还召开了县、区、社三级干部会，要求各级干部以党籍作保证，立即纠正包产到户。……带头搞责任制的干部受到批判，官亭区的一个公社党委书记被宣布停职反省（周日礼，2006：749）。

肥西县委态度的变动直接指向了实行包产到户的山南，来自各方的压力最后都汇聚在一个小小公社党委书记的身上，他的举措骤然间成为各方面矛盾斗争的焦点。

包产到户一经公开，立即引起一场思想大爆炸。公社干部压力很大，这个日子不好过呀！社会上展开了"阳关道"与"独木桥"的激烈争论。与我一起共过事的知心好友及亲戚都替我担心，有的说："你要注意呀！这不是小事，搞包产到户就是搞资本主义、搞单干，你不怕犯错误？"有的说："不要听省里来的那些人的话，没有中央的红头文件，怎么能这样干呢？万一以后犯错误，谁来替你承担责任呀！"类似的劝说使我的思想背上了包袱。党员干部们都处在是与非、进与退的矛盾中。包产到户不久，便出现了争水、争牛、累死耕牛及拆仓库、拆牛房、分猪场等事件。正在这时，县委又发出文件，制止包产到户。我的思想非常紧张，怕搞下去犯了方向路线的错误，怕开除党籍、开除公职，怕遭批判和斗争。（王立恒，1998：104）

"没有中央的红头文件"，直接与政治文本相违背，甚至被上一级的科层领导号令制止，这样一系列的科层制结构压力使得刚刚展开的包产到户试点举步维艰，似乎随时都有可能中途夭折。

当时山南公社党委书记……他呢，当时呢，是属于一种什么情况嘞？就是极力（重读，慢读）反对责任制。党委书记反对责任制以后，其他人不敢讲话，那不就顺着他话讲嘛。周日礼这样搞，就很难推广下去。（THU060507WMS）

（二）压力的化解：个人权威的推进与"内部说服教育"

在这样一种情形下，试点如何能够顺利推进呢？此时，我们要注意到怀特对中国官僚制特点另一侧面的强调也是颇为重要的，即在"结构科层化"的同时，正式科层组织的各种理性化的形式规则、规范化程序仍然被有意识地加以拒绝或无意识地被忽视，传统型权威仍然扮演着重要的角色。改革派领导者的个人权威以及当时朝令夕改的政治格局仍然给试点的推进留下了足够的缝隙与缺口。

在"张浩来信"发表后不久，万里也很快组织安徽省农委给《人民日报》撰写了《正确看待联系产量的责任制》的来信，并且对由这场风波带来的安徽省部分领导人态度的摇摆进行严惩。

> 第二天（3月16日）一早，我就出发到下边去了。首先到了皖东的全椒、滁县、定远、嘉山等县，一路上做稳定干部、群众情绪的工作。我一再讲："责任制是省委同意的，还有什么问题省委负责。""既然搞了，就不要动摇。""生产上不去农民饿肚子，是找你们县委，还是找《人民日报》？""《人民日报》能管你们吃饭吗？"经过紧张的、大量的工作，绝大多数地方干部、群众的情绪稳定下来了，但个别县的领导不行。他们不听省委的招呼，跟着那封"读者来信"干了。……霍邱县三分之一的生产队由联产承包退到不联产。结果，周围各县因为搞了联产承包责任制，1979 年普遍比 1978 年大幅度提高；而霍邱县不但没增产，反而减产了 20%。为此，我提出要撤县委书记的职。（万里，2005：8~9）

最后在国家内部不同意见的博弈和妥协下，七省会议的纪要做出了一定的修正：肯定了包产到组，也对包产到户开了个小口子，"深山、偏僻地区的孤门独户，实行包产到户，也应当允许"（中共安徽省委党史研究室，2006：195）。

对肥西县委的反对态度，万里在省委常委会上指出：

> 山南包产到户试验是省委决定的，如果有什么错误，应由省委首先是我来承担。肥西县强制收回包产田是错误的。要告诉他们，已经实行包产到户的地方，不要强行硬扭，不要跟群众闹对立，不要违背群众意愿，不要挫伤群众生产积极性。包产到户到底对不对，至少要

让群众干到秋后吧，要让实践来检验。（周曰礼，1998：20）

8月5日，省委副书记王光宇专程到肥西召开县委常委会议，传达了万里的意见。肥西县委于8月8日下发第50号文件，提出"生产责任制的形式，应当允许多种多样，不能只实行一种办法，不可以强求整齐划一，搞一刀切"（周曰礼，2006b：749）。

安徽省委之所以选择一个小小的公社作为试点，本身就是为了工作能够更加顺利地展开。对于公社书记而言，公社是其工作全局；对于省委领导而言，公社不过是一个极小的行政区划："一个公社收不到粮食，省委调粮食给他们吃"；"哪怕肥西县没有粮食，省委都能调粮食给他们！"（周曰礼，2005：29）从安徽省委到一个小小的公社，中间经过了地市、县区等若干个国家行政级别，这样一种政治压力足以让省委高层意见能够越过层层中间结构的阻力，推动试点在基层展开。

应该抵制的，他从一解放就当基层干部，他哪见过分田到户，那不可能的事情，他当然反对了。他反对是正确的，当时是正确的。基层干部他晓得什么东西啊。……当时推行责任制不是那么一帆风顺的。意见没办法统一。万里就三个字，试试看。（THU060507SLS）

考虑到山南公社作为各方压力的汇聚地，1979年5月21日，万里第一次到山南公社视察，支持试点的继续推行。

到最后周曰礼就向万里汇报，万里就第一次到山南公社来，万里讲话的材料都是我整理的。他第一次到山南来以后，就是进了山南那个大门，就是叫王××在家等着呢，接待万里啊。到那以后他们就介绍这是山南公社党委书记王××同志。王××当时就上来跟万里握手啦，万里瞅都没跟他瞅，把手跟他握握。"我今天来第一句话，我今天来是跟你吵架的，我今天来是跟你吵架的。"

就到那场子坐坐，坐坐就讲讲情况，王××就讲："你叫我们搞责任制照哎，你要下红头文件。"然后万里讲"三不"：不下文、不登报、不宣传。他讲："搞个试点嘛！下文就成功嘞。搞试点怎么下文来？还照不照，成功不成功不晓得。成功了，再宣传再推广。不成功马上就收回来，不追究任何人责任嘛。不成功我担着。"王××接受不了哎，他不照（不行），不照。

当时山南公社有个妇女主任叫张玉兰，现在是区委常委、宣传部长，张玉兰，她个人是赞成的。但是她的职务就是妇女主任啊，就是办事员，就是办事员啊。她进来以后，周日礼就介绍讲这就是小张。万里讲："噢，你就是小张，我俩讲讲。"她就甚情况都向他汇报，小张，张玉兰还是负责任的哎。但张玉兰处在那种情况下，书记坐在那里，书记是反对责任制的，她怎么讲啊，她讲不好，她不敢讲。后头万里就讲："好吧，我们不讲了吧，我们就下去。"（THU060507WMS）

这一段回忆万里和公社书记首次接触的口述历史材料中，如此描述了二人见面的场景。"王××当时就上来跟万里握手啦，万里瞅都没跟他瞅"，见面的第一句话就是："我今天来是跟你吵架的！"不难想象一个省委书记如此鲜明的批评态度会给一个小小的基层干部带来如何之大的压力。然而即便在这样的情形下，公社书记仍然提出"要下红头文件"。可见当时反对试点的力量也绝不可小觑。在万里明确表示自己承担一切责任的情形下，公社书记仍然"接受不了哎，不照（不行）"。

这样一个坚持大集体原则的公社书记成为当时试点工作最直接的障碍。然而作为一个基层干部，他又没有违背国家的现行政策。换言之，从形式化的规则而言，无法直接撤销他的党政职务。改革派领导只有采取让其暂时离开工作岗位，送学习班转变思想的办法，将试点工作继续推行下去。

王××他是胆小些，"这样干跟三面红旗不反对吗？"王××他说话也蛮叨叨的，他不注意。"哎，老王啊……你思想怎么不先进呢？你大脑子要好好发达发达，好好转动转动哎，要转变思想。"好吧，就整那思想，周日礼就找他谈话去了，有三次吧。……带到六安地区，学习了六个月。（THU060507LZZ）

戴慕珍在研究中指出，"对基层干部最严重的惩罚可能就是送去'学习班'。这个听起来无害的词语是让公社领导层中的基层干部由于其错误路线被'教育'的婉语；在其中，他要认识、接受并改正自己的错误，并同意跟随'正确的'政策方针"（Oi, 1989：101）。不难看出，作为一种惩罚方式的"学习班"具有如下的双重性质：一方面，被送"学习班"是一种惩罚方式。在持续几天的学习过程中，生产队领导或是农民无法正常工作并获得工分，更糟糕的是，他面临着生产大队和公社权威的政治与心理压力。另一方面，仅仅被送"学习班"意味着被惩罚者仍然被接纳为科层体制内部的一员，在忠诚性和派系上并未受到根本性的质疑和排斥，只是在具体的工作观念和工作方式上存在问题，需要接受科层体系内部的说服和教育。

> 王××那时候犯错误了嘛。上面一再来人讲包产到户，那时候大公社，他是一把手啊，书记啊。才开始宣传包产到户，他思想不通，后来他犯错误了，都停他的职了。他就是坚持他那个大集体的原则啊。犯错误了，后来慢慢让他写检讨，改变他的思想意识观念，慢慢才改过来的。（THU071027DJM）

在公社党委书记被批评甚至调离工作岗位之后，公社其他基层干部即便仍然有一些怀疑或顾虑，也很快就顺应上层要求，将包产到户的试点工作推进下去。

> 那时候思想不通，也不敢讲。起初，你摸不透是好是坏，哪敢讲呢？一般上面是什么意思就是什么意思。我们这个党委书记，就是王××啊，他都受批评了，停了职。村里头的小村干，就不敢讲。反正你讲包产到户，分田到户，你分就是了，你干就是了，就是这样的。（THU071027DJM）

包产到户试点的确立并非一帆风顺，在建构起群众的公义基础之后，改革派领导还面临着来自国家政权体制内部的异见。通过科层制体系内部权威的运作和"说服教育"的工作方式，地方层面的变革尝试绕开了结构科层制的压力，避免了直接对抗和斗争，从而确保了国家基层政权结构的延续性和稳定性。正如万里在自述中所言："农村改革看起来容易，实际上并不容易，斗争非常尖锐，只不过没有公开化，不使它公开化。我们吸取

过去的教训……不强制、不压服，而是让大家从实践中受教育，逐步提高自己的思想认识。"（万里，2005：15）

四　试点验收、示范与推广

从1979年2月试点确立开始，安徽省山南公社包产到户试点在经历了八九个月的各种压力之后，终于顺利完成了秋收分配。农业生产活动的告一段落并不是安徽省改革实践的止步，而是接下来更进一步实践的台阶。在对试点的验收、褒奖、示范和推广过程中，农民的主体性被更进一步地调动起来，与此同时，改革派领导人也开始对变革的合法性进行初步的符号化探索。

（一）试点的验收："给个说法"

在山南公社试点期间，万里一共两次到山南视察。如果说上文中提到的第一次（5月21日）是在试点遭遇政权结构阻力时推动试点继续前进的话；1979年12月13日的第二次视察，则是在一年的秋收、分配结束之后，对试点的检查和验收。换言之，是为这一年的实践成果进行最终的检验和评价，从而为更大范围内的实践奠定合法性基础。

> 1979年12月13日，万里书记第二次来到山南。下面是万书记和汤茂林的谈话记录——
>
> 万：我这次来，想问你六个问题，请你回答！汤：只管提，万书记。
>
> 万：部队的同志反映你汤茂林在山南区搞"包产到户"是"扰乱民心"、"毁我长城"，你怎么回答？汤：（从容的）这种担心是不必要的！我们山南区有现役军人14名，区委一一去信介绍家乡"包产到户"后获得大丰收的消息。同时，告诉他们：家中有责任田的，照顾的很好，超奖减赔，工分照顾，分配兑现。一般困难户照顾1000多工分，对军烈属每年另外照顾150~200元现金……万：那不是"扰我军心"、"毁我长城"，而是巩固国防喽！汤：是的！
>
> 万：我再问你第二个问题：合钢（合肥钢铁厂）工人不上班了，

要求回家种地，你看怎么办？汤：也不是这种情况！刘老家大队有一位合钢工人家属叫熊祖华，一人带四个孩子。没搞"包产到户"以前每年收入 150 元左右，"包产到户"以后，基本口粮 420 斤，还超产 1650 斤，还养了 1 头重 200 多斤的大肥猪和 7 只鹅。过去每年都超支，今年生活有所缓和，没有超支……万：那不是工人要求回乡，而是双工资喽！汤：对，相当于双工资！

万：我问你第三个问题：烈、军属和五保户、困难户没人管了，你看如何解决？汤：不是没人管，而是比过去管的更好了！我们在金牛公社搞试点，五保户每年给口粮 700 斤，稻草 1000 斤，食油 5 斤，生活全包，还给 30 元现金零花，已经在全区推广。至于军、烈属，比"大呼隆"时好多了，那时工值很低，每年不超过 25 元，现在超过 4、5 倍……

万：我再问第四个问题：破坏水利设施的，可有？汤：我们过去在大集体时，争水争肥的现象也存在。"包产到户"后我们确实发现李桥大队有 3 户农民为争水打架，后来把水塘划开了，也就稳定了。关键是领导问题。大塘有专人统一调配、统一管理，水利设施完好……

万：我现在问你第五个问题：耕牛、农具怎么保护的？汤：牛、犁、耙统一折价，落实到户保管，损失要赔。"大呼隆"的时候，说是生产队管，实际上没人管，各户负责比那时管理得好，责任心也强得多……

万：现在我问你最后一个问题："包产到户"的穷队，今年能不能取得丰硕成果？汤：能！万：举个例子！汤：馆东大队瓦屋生产队"包产到户"后，光生产队长卫先柱一年就产粮 2 万多斤。万：不虚此行，不虚此行。看来怕这怕那都是不必要的。外界传的，有些根本不是问题，有些不是不可以解决的，关键在领导。（中共肥西县委党史研究室，2005：120~121）

在改革之后的很长一段时间内，"增长"与"发展"一直是国家话语的中心。但是不能忽视的是，在人民公社体制下，农业产量虽然也是国家财政资源的重要源泉，但并不是唯一，甚至不能说是最重要的合法性基础。在很大程度上，国家更加关注平等、福利、消灭贫富分化等社会改造的目标。这就是为什么，在上文万里对包产到户试点的验收过程中，能否增产只排在六个问题的最后一个，并且主要是关于之前粮食产量落后的"穷队"能否解决粮食增产的问题。而前五个问题分别是有关国防，军、烈属，工属，五保户，困难户的生活状况，以及水利设施、集体财产的保护情况。可以说，只有在延续了集体化时期社会公平目标的前提下，包产到户政策还能够增加粮食产量，才能在当时的政治氛围中确立起这一政策的合法性基础。这六个问题以相对保守的方式确立起包产到户相对于集体化生产的优越性：不但能够维持社会公平的目标，还能够带来粮食生产的增长。此时的试点尚未突破原有制度的意识形态话语。

（二）示范与推广

试点验收，上层领导予以肯定和表扬的同时，也就是一个确立典型，起到带头示范作用的过程。

尽管国家文件此时还停留在允许包产到组和边远山区允许包产到户的阶段，但是安徽省委的改革立场和举措，很快使得山南公社周边的农民们感受到局势的变动。

> 当时就是有些人，有些有远见的人就看到了，那个政策什么的都不一样。可能就是看到这一点。（THU060511XQD）

> 一个是庄稼长那么高，他们都看到了。再一个亲戚串亲戚，我们都是亲戚，有什么事情都要讲，亲戚串亲戚，串串串呢，家家就都知道了。（THU060507LZZ）

政治形势的缓和和解冻使得原先被批判的农业生产组织方式被重新提了出来；乡村社会的亲属关系使得这一尝试在村庄中层层传播开来，再加上包产到户的生产方式本身也确实给广大农户带来了更多的生产积极性和自主性。

> 包产到户自由些，不像大集体那样捆在一起干。自家想怎么干就怎么干，自由些。我们就讲真话，搞到私人了，不要烦神了，不要来

来去去算啊，分啊，来来去去搞。收过以后往家搞就是了，那个好容易啊。在生产队集体干，还要从你这里看给他好些子，他没自由权啊。包产到户自由权大些，你家收好些都是你自己的，你想怎么搞就怎么搞。那你在集体干，你没这个权啊。在集体干，只有生产队长和会计，到时候算账的时候，给你好些就好些。你讲要好些，那不照（不行）啊，你没有这个自由权啊。（THU071028ZDZ）

比大集体，人撑坦（舒服）些，自由些。我想哪天出去干活我就干，不想干我就在家歇歇。我多出劲干干也照（可以），自由多了。大集体整天到晚就是捆在一块，干，就不知道好急得很。（THU071027DZM）

因此当地的不少农民都在洞察到政策变动的可能性后，积极要求分田到户，从事家庭劳动与生产。

这个队有一个社员叫黄学朋，偷偷跑了几十里地，到搞包产到户的芮店、孙集公社去调查，回来后，逢人就讲包产到户如何如何好，两次找公社党委书记要求干。公社说他对包产到户得了相思病。这个公社孙郢生产队社员王正友说：当时哪个干部开恩说给我们搞包产到户，我就给他磕几个响头。……在这种情况下，今年（1980 年）元月初，公社党委讨论说：看来顶不住了，再顶下去要减产，我们放吧！经干部、社员一讨论，全社 136 个生产队，同意包产到户的竟达到 119 个队，占总数的 87.5%。（中共肥西县委党史研究室，2005：139）

正是在农民的积极性被调动起来的前提下，包产到户很快突破了山南公社的试点范围，席卷到山南区及整个肥西县，甚至周围的县区。"1979 年春统计，包产到户的生产队占全县总队数的 23%，夏季栽秧时发展到 37%，到秋收时达 50% 以上。到 1980 年春，全县已有 97% 的生产队搞了包产到户"（中共肥西县委党史研究室，2005：22）。

当然，也并非所有的农民都对形势的变动抱有乐观的态度，历次政治运动的经历也使得一部分农民仍然抱有怀疑和观望的态度。

> 当时我家舅舅，就在南头住，他家就他弟兄一个嘛，我家母亲就姊妹两个。……当时他们就考虑了，我家舅舅讲就偷干，就搞这个承包啊，收成相当好，就讲分。他喊我家父亲喊小哥，他不喊姐夫，"搞不错，你家今可干？"我家父亲讲："那能搞长啊？我经过好多次！"

> 我家父亲以前是国民党党员，当时在六安法院里面干过的，专门是整理材料的。当时他就讲不行，这个东西讲不准，这个政策的东西啊，反反复复，当时他觉得这个东西不能干。我家那个舅舅讲：小哥啊，你不干你就脑子呆不行。（THU060511XQD）

这一段叙述中姐夫和小舅子两个人的态度就出现了明显的分化：小舅子代表了当时普通农民对形势政策变动有所觉察之后，开始在有利的时机下寻求自身利益；而姐夫则由于自己特殊的生活经历，对农业政策的变动仍然抱有迟疑，即便在地方政府推进改革试点的背景下也仍然不敢轻举妄动。

五　本章小结

在本章中，我们看到，一封小小的"人民来信"使得前一章所述的村庄行动进入安徽省委决策层的视野。苦于无法在体制内展开制度变革的改革派领导人试图以这一村庄所在区的公社为试点，展开改革尝试。然而面对经过历次政治运动洗礼的基层群众，改革派领导者反而需要运用"暗示""调动""选拔""培养"等社会动员时期的治理技术，才能将民众意愿加以凝聚和发声。通过将具有不同利益和价值取向的农民群体划归为一致的"公义基础"，改革者在中央政策文件规定之外，取得了变革的合法性基础。

试点的进行并不是一帆风顺的，已有的政权结构和意识形态话语给试点的开展造成了层层阻力。此时，中国科层化过程的"结构科层化"与"功能科层化之间的背离"为改革派权威的行使提供了行动空间。通过"权力施压""送学习班""内部说服教育"等策略，改革派领导者让试点在不危害原有政权结构与科层制体系的前提下继续展开。

通过一年实践之后对试点的验收，省委改革派不但肯定了包产到户能够增加农业产量，并且也没有削弱原有人民公社体制的优势。在将试点成功确立为学习典范和楷模之后，农民们洞察到局势变动的波澜，并在有利于自身利益的中央政策面前，开始追寻收益最大化的行动方式，村庄行动的萌芽就这样一步步被国家改革力量培育起来。

可是在这样一个树立试点、展开变革的过程中，无论是国家还是乡村社会都未形成确定的行动方案与符号框架。在各种权力关系的相互博弈和建构过程之中，没有任何一方强大到足以控制其他几方，而是都需要在其他行动主体上找寻可资利用的资源与框架。需要特别强调以下几点。（1）改革之前的农村并不是一个没有差异的整体，而是存在着由不同的生产方式、家庭结构、劳动分工和代际经历等自然、社会原因造成的农民之间在利益和价值取向上的分化，这些分化进一步导致农民在农村改革的过程中并未形成统一的行动整体，而是对包产到户存在意见上的差异，以及由此带来的乡村社会的有限行动能力。（2）在已有的政权组织结构和意识形态基础下，国家对农村改革的推行也并未达成统一的意见。相反，面对这一议题，国家政权内部分化出几种不同的力量，包括坚持国家制度文本逻辑的科层制官员、洞察并把握住农民生存逻辑的改革派领导者，以及与农民共享生活世界的基层干部等。这些国家内部的不同片断都试图在国家已存的制度文本或话语逻辑中寻找到自身行动的依据。（3）在这样的局面下，改革派领导者对农民意愿的调动、凝聚、发扬和建构的过程就显得至关重要。通过拣选试点、深入基层、建立感情纽带、调动回忆、心理暗示、诱发讨论、建立试点、验收褒奖、树立典型、学习推广等方式，改革派领导者将广泛存在于乡土社会之中的农民的生存逻辑调动和激发出来，并且上升为制度转变的重要"公义基础"，从而迈出了农村改革的重要一步。

第六章

改革的推进：作为事件与
作为符号的小岗

安徽省农村改革并不是一枝独秀的试点确立，而是在全省多点齐放、逐步展开的过程。在确立山南公社为包产到户试点后 10 天左右，安徽省委就在全省范围内号召各地区寻找适宜于自身的生产责任制形式（具体时间可参见附录：安徽省农村改革时间序列表）。滁县地区凤阳县作为具有"作业到组、联产计酬"传统的地区，也在省委的号召下，开始在全县范围内推广起"大包干到组"的责任制形式——"包干"是对"包产"责任制的进一步推进（见第二章第五节对几种责任制形式的界定）。今天我们所熟知的凤阳县"小岗村十八户农民"就是在实行了短暂的大包干到组之后，在安徽省内有利的政策形势下，将责任制形式继续向前推进了一步，实行了后来全国普遍实行的家庭联产承包责任制形式——"小包干到户"。

小岗村的出现是文化历史原因和现实政治环境的共同产物，但正是这样一个具有前后鲜明对比和政治话语意义的村庄，为建构转变过程中的国家合法性基础提供了重要的符号和原型。在各种力量的共同作用下，区别于小岗事件本身历史特殊性的、以农业社会普遍存在的生存逻辑为主线的"小岗符号"被树立起来，成为改革派领导者进一步在全国范围内推行家庭联产承包责任制的重要象征符号。

作为事件的小岗是安徽省农村改革在经历了包产到组—包产到户—大包干到组之后，最终实现小包干到户的先行代表。而作为符号的小岗则是改革派意见在将这一政策向全国范围内普遍推广的过程中建构出来的一种意象符号，它为全国农村改革的普遍开展奠定了重要的合法性基础。下文将分别从这两个角度来考察安徽省农村改革的继续推进和接下来在全国范围内的推广。

一　作为事件的小岗：包干到户的顺势而生

山南公社包产到户的试点并不是一枝独秀，而是多点齐放。1977 年，安徽省委六条办法颁布之后，安徽农村普遍加强经营管理，农业生产责任制也得到迅速发展，从不联系产量到联系产量。不少地方开始划小核算单位，有些地方搞起包产到组。1979 年 2 月，在确立包产到户试点之后的十天左右，安徽省委也在滁县、巢湖、六安等地推广政策允许范围内的各种生产责任制形式（如小段包工、定额记工、包产到组、责任到人等）。"1979 年 2 月 16 日，万里召集六安、巢湖、滁县三地委书记开座谈会，鼓励三地方在推行农业生产责任制方面要解放思想，百花齐放，千方百计把生产搞上去。"（中共安徽省委党史研究室，2006b：174）

对于各种形式的责任制，万里多次在不同场合表示："各种形式责任制都应当在实践中相竞争而存在，相比较而发展，只要能够增产、增收、增贡献，就是好办法。""各种形式责任制，试验一年，年终总结。"（中共肥西县委党史研究室，2005：30 ~ 31）"对待各种形式的责任制，省委不搞派性，不支一派、压一派，由群众在实践中去鉴别和选择。"（周曰礼，2006：742）

（一）凤阳县：从"包产到组"到大包干到组

凤阳县是安徽省较早推广生产责任制的滁县地区的代表，本书第三章中提到的"联产计酬，分组作业"的办法就来自该县的马湖公社。1978 年全省大旱，凤阳县全县减产，只有实行了包产到组的马湖公社没有减产。万里 1978 年 7 月到凤阳县视察工作时了解到这一情况，就指派省农委政策室对马湖公社的管理办法进行调查总结。1978 年 9 月，安徽省农委政策研究室发布了《加强生产责任制的一个好办法——关于马湖公社分组作业、以产记工的调查》，对马湖公社的做法予以充分肯定。省委的态度推动了滁县地区如凤阳、来安、天长等县生产责任制的进一步发展。在凤阳县 1978 年底召开的四级干部会议上，马湖公社书记詹绍周对公社的生产经验进行了介绍。

1979 年 2 月，在省委要求召开三地委书记座谈会之后，凤阳地区开始在全县推广马湖公社"作业到组、联产计酬"的管理办法。据凤阳县当时分管农业的一位干部回忆：

> 马湖公社 1977 年就开始联产，叫作分组作业，联产计酬，所有的麦子、玉米、大豆算工分。用粮食来计工分，联产，联产计酬嘛。记过工分以后呢，一年产多少交生产队，由生产队统一分配。搞起来非常麻烦，需要个研究生，有的生产队能搞好，有的就搞不好。
>
> 所以 1979 年 2 月 14 日，这个很关键，你要知道。① 1979 年 2 月 14 号到 2 月 20 号我们开了一个礼拜的四干会。哪四干呢？县、区、公社、大队四级干部会。开了一个礼拜的四级干部会议，研究凤阳县的生产责任制到底怎么搞比较合适。当时马湖公社分组作业、联产计酬的责任制是最先进的、最好的，全县各个生产队都减产，就是它不减产，它有积极性，效果好。这个农业效果好啊，明显啊，稍微有点水就能长庄稼啊，稍微有点粪就做肥料了嘛。（PKUFY06022401）

但是由于马湖公社管理办法的计酬方式相当复杂，例如，"根据各种作物的平均投工量，确定以产计工的标准。比如，他们规定玉米四斤棒子一工分，黄豆二斤半一工分，烟叶每斤价值五角钱两工分等等。……按照前三年的平均产量，超产的奖励百分之六十，减产的按照以产计工的标准，扣除工分"（安徽省档案馆，1999：77～78），"烟叶子十个等级，价格差别太大……又按产又按质记工分"（PKUFY06051901）。因此在全县的推行过程中，就有基层干部提出：能不能对这些复杂的记工办法进行简化，干脆把核算单位直接下放到小组，也就是所谓的"大包干到组"。包"干"意味着土地、生产资料、征购任务等彻底承包给农民。

在学习马湖的讨论会上呢，生产队长就说干脆我们就像解放前一样，就是想分开。后来有人就讲："马湖公社那个（办法）好是好，就

---

① 这段重要的访谈材料来自赵彗星未出版的口述材料集《语言：乡土中的历史》。在这段话旁边，访谈者写道"我记起他示意我记下来的手势"。

是太麻烦了，我们干不了，干脆来个大包干。"这是石马乡的一个大队书记，姓刘，当时我是县委秘书，要记录。"怎么来个大包干？""大包干就是分到组了。"有的就说："那不行啊，改变生产队的性质了。"有的说："什么生产队的性质？我们包到组干，表面上不还是生产队？"这样，分组作业，大包干就酝酿出来了。（PKUFY06022401）

之后，大包干到组的工作办法由县委书记上报给当时的地委书记王郁昭，地委书记又在省委工作会议上向省委领导汇报，并得到万里的赞成和支持。

> 后来王郁昭，当时的地委书记，正好 14 号开了一天会，15 号，2月 15 号，他到凤阳来，当时县委书记、县长去看他。陈庭元书记就向王书记汇报："王书记，他们要求大包干怎么办呢？"王书记说："什么叫大包干啊？"他（陈庭元）说："分组作业、联产计酬，大家后来还交到生产队里比较麻烦，大包干到组这样就减轻了队里的劳动。"王书记就说："正好我吃过晚饭就走，我到省里开会，我向万里汇报一下。"（王郁昭）第二天回来以后就开县委书记和农工部长会议，陈庭元就问了："王书记你可向万书记汇报了？""万书记说，可以干，同意你们干！"就是从那时起，大包干到组，土地农具分到组。大包干，大包干，直来直去不拐弯，交足国家的，留够集体的，剩多剩少都是自己的。（PKUFY06022401）

在取得安徽省委高层意见的支持之后，凤阳县开始将"大包干到组"作为生产责任制的形式之一推行，这样一种简便易行，又能调动农民家庭劳动积极性的生产组织方式很快就以极强的生命力在淮河沿岸普及开来。

> 所以我们从 1979 年 2 月 20 号下午七点钟召集大家开会，陈庭元书记在会上宣布我们凤阳县生产责任制可以采取三种办法：第一种就是大包干，一部分通过群众讨论同意的就实行大包干；第二种还搞马湖的那个办法，分组作业，联产计酬；第三种生产队长水平高的，大家又愿意的，还是在生产队干。一个礼拜之间，大包干发展到 70.8%。（PKUFY06022401）

从"包产到组"到"大包干到组",虽然没有将生产或核算单位缩小到户,但是其中的变化却比包"产"到户更为根本,因为包产到户中"包产"的部分——也是生产所得的绝大部分——仍然要上缴到生产队,记取工分,进行统一分配。而"大包干到组",我们在前文中提到:"那个组实际上就是过去的大家庭,三五家子,二三十人,都是比较亲的,就是过去的大家庭,一分开就是家门对家门的,自然成了一个组。"(PKU-FY06051901)换言之,大包干到组等于完全将土地、生产资料、上缴提留等任务全部分配到"组",也就是农村中传统的"大家庭";取消了工分和统一分配的环节,等于将生产组织的决定权重新交给农户,取消了集体化时期生产队在农业生产中的根本地位,扩大的家庭重新成为农村经济的基本生产单位。

(二)包干到户:小岗村的"小组分权"

小岗村的"包干到户"正是在凤阳县普遍推行"大包干到组"的背景下产生的;而这个村庄之所以成为最早尝试"包干到户"的先行者,又与这个村庄自身的经济与社会特性息息相关。

1. 小岗村的经济与社会特性

小岗村的村民在周围村庄的农民们看来,并不是典型的庄稼汉形象,因为"过去搞手工业的比较多,都会手工业,有的弹棉花、炸馓子(一种面制食品)、做生意,搞那个手工挂面。集体生产他不想干"(PKUXG06022502)。十八户农民居然户户都有自己的独家技艺,在中国的村庄中即便不算例外,也绝非常见。

> 弹棉花:严家太、严国昌、严学昌、严顺昌、严俊昌、严宏昌、韩国云等10人,号称"小岗十张弓"
>
> 制挂面、炸馓子:严家芝、严家齐、严家安、严家太、严国昌、严学昌、严顺昌、严立学等
>
> 磨豆腐、制凉粉:严凤鳌等
>
> 下黄鳝:几乎人人都会,尤以严家太技艺最佳
>
> 小石匠:韩国云
>
> 小炉匠:关友申

拉二胡、唱曲子：严美昌、严宏昌、严立华、关友德等多人

（夏玉润，2005：74）

这样一种手工业的传统使得小岗村的村民并不依靠集体生产作为收入的主要来源，而是依靠个人技艺赚取家庭收入。

他弄个棉花弓子去给人家加工棉花，人家不给他钱吗？你家有一盘磨，他给你用锻子锻锻，那你要给他钱呀。（PKUXG06022502）

由于大部分农业人口以个人手工业作为收入的主要来源，所以集体化高潮时期一些有手工业特长的农民向外流动，自谋生路。当时的生产大队和公社试图以扣工分的形式增强对外流劳动力的管理，但由于生产队农业生产组织不力、粮食产量低迷，工分本身就无法兑现农民生存所需的粮食。无法对外流农民起到约束作用，反而进一步导致小岗村集体生产的瓦解。

据小岗村所在的生产大队干部回忆：

他是乱七八糟的在外跑，不在家干啊。不在家干你就要找他，你找他他还不愿意回来干。不愿意回来干怎么扣工分呢，出外一天我扣你多少工分呢？采取了各种办法，目的是想叫他回来生产，一搞呢，生产队没有收入了，工分也分不到粮了，也分不到钱了，就不要了。（PKUXG06062502）

你不干我也不干，集体搞不了什么收入，干也没用。要是多数人搁家干，个别人出去，管。外出人多，家里人干的少了，生产干不好。……收不到了，种二十收十八，小麦种子二十多斤一亩，收呢收不到二十斤。（PKUXG06062502）

有手工业特长的农民纷纷外流；其他农户眼见集体生产陷于瘫痪，入不敷出，反而要每天被束缚在生产队里按时上、下工劳作；公社对劳动力外流也没有什么有效的管理和惩罚措施。

哪怕外出要饭"比干活还累人"，还要忍受各种担惊受怕，可是小岗村

的村民们却宁愿以这种颠沛流离、居无定所的方式生活，也不愿意被束缚在集体农业生产的土地上。这种个体化的劳动和生活方式或许正是植根于当地个体手工业生产的经济传统。

由于手工业和外出乞讨的收入是个人所得，集体无法知道农民收入的多少。从大队统计的集体粮食生产上看，这个生产队的产量最低，远不足以满足农民的基本口粮，因而不但不用上缴粮食，反而要吃国家的返销粮。

> 手工业你看不到，他自己下了多少，你哪知道呢？不像集体的那种分配，他都私人跑到人家给人家干活，你搞不到。
>
> 从农业收入来说是最少的。那时候全大队它是最少的。
>
> 那时候上面一来救济呢，对我们来讲重点给它。（PKUXG06062502）

这样一种颇具特色的手工业传统，使得小岗村的村民在文化观念上也与一般的农民不同。周围村庄的人提到小岗村的村民，也对这个农业社会的"异类"颇有微词，认为这个村庄的农民太"独"了，跟一般乡村社会里的农民不太一样。

访谈中，村民提到的"不勤劳""心不齐""爱捣蛋"似乎都标示着小岗村与传统农业社会的格格不入；小岗村的"难缠"在大队和公社干部那里也是挂上名的。说到那些爱"捣蛋"的人，村里还流传着这样的玩笑话："东也捣，西也捣，捣出事来站在墙头看马咬。"（赵彗星，2007）

1979年春天，凤阳县全县推广大包干到组的时候，大部分村庄的村民都是"分小组呢大家各自找关系好的在一起干，肯定人际关系好一点，大伙和气一点"（PKUFY06022401），或者找"几家亲戚，分组的时候呢就是几家相好的，或者几家是一家的，比如讲我姓徐，姓徐的一家子，他姓韩，姓韩的一家子，就这样怎么协商不好呢？"（反问的语气。言下之意，肯定能协商好。）（PKUXG06062502）"生产到组后已经尝到甜头，他还没有要求分到户。对，能干得好，还分开干什么？分开的时候都是搞不到一块才分的。"（PKUFY06051802）

周围大部分地区的村民都能够较好地以亲属、朋友关系为纽带，建立起生产小组，解决好大家庭内的生产、分配问题，农业生产已经开始步入正轨。最多村里有一两个难缠户，各组都不愿意要的，才不得已自成一组。

每一个生产队分的时候都有两户捣蛋，关系搞不好，或者是谁都不要，那就让他们自己干去吧，几乎每一个村都有这个问题，农村叫难缠户，百分之七八十的队都有这个问题。（PKUFY06022401）

唯独小岗这个例外，长久的手工业传统使得村民很难适应集体劳作与分酬方式，即便在大集体经济时代，都难以开展集体劳作；在集体化趋于衰落的时期，村民们更是率先打破了小组合作这一最后的关卡。

2. 小组发权：包干到户的顺势而生

小岗人自己回忆起包干到户的过程，也并没有太多的惊奇之处。这不过是县委已经允许大包干到组的背景下，十八户农民一分为二，又不断小组分权，二组变四组、四组变八组的一个自然而然的过程。既然已经允许生产队分组，那么多分出若干小组应当无碍大局。

这时，正值县、社党委贯彻落实省委《六条规定》精神，要求我们搞队为基础，一组四定。趁这股东风，我们就把生产队分成了两个组。队里有12间牛房，分给东头组6间，西头组6间，还有一些东西也都分成两部分，村干部是按抓阄分到各组的。如果当时两个组能搞好，我们也不会分到户。

那时村里大部分人都在外面要饭，而在家里吃的都是野菜，他们要惯了饭的人在外面吃的是粮食，回来后吃不惯野菜，两天一吃他们就撑不住了。加上组里在分配干活等方面又出现了许多矛盾，他们又出去要饭了。

我们看这样下去还是不行，只好再往下划，每一个组再划成两个小一点的组，生产队就变成了四个组。麻雀虽小，五脏俱全，谁知分成四个组后，矛盾更多。因上工早迟、计分多少、记工不合理等天天吵闹，甚至动手打的都有，这是俗话说的"穷争饿吵"。

最后，只好是四个组又变成八个组。……八个组基本上是"被窝里划拳——不掺外手"，多是父子组、兄弟组。这样劳动积极性提高了一步，各小组搞秋种的自觉性也强了。劳动力不足的，就老人、半劳力一齐上工干等等。但时隔不长，兄弟之间、妯娌之间，又产生了矛

盾，争吵又常发生。（严俊昌、严宏昌、严立学等，2006：305）

分成八个小组之后，虽然基本上已经是两三户一组，且多是父子组、兄弟组：

一组　严立付、严立华（兄弟俩）

二组　严国昌、严立坤、严立学（父子三家）

三组　严家芝、严金昌、关友江（关为严家女婿）

四组　关友申、关友章、关友德（兄弟三家）

五组　严宏昌、严付昌（兄弟俩）

六组　严家齐、严俊昌、严美昌（父子三家）

七组　韩国云、严学昌（邻居）

八组　关友坤、严国品（邻居）

（资料来源：小岗村大包干纪念馆展板）

但是由于小岗村独特的经济与社会文化特性，农民们还是不习惯家庭户之间的劳动分工、协作，因而仍然纷争不断、"穷争饿吵"。依照小岗人独特的生活传统和习惯，他们似乎更向往单门独户进行生产、核算。同时，基层干部和普通农民也开始逐渐洞察到国家形势的松动，政治氛围似乎已经与之前的时代大不相同，似乎从两三户一组再向前迈出一小步也并非完全不可能之事。

我们看形势看什么呢？以前我们的生产队特别紧，哎呀，以前是早请示、晚汇报啊。后来呢，好像这个事情没有了，淡下来了，这不是形势在转变吗？

所以说上面的政策我们不知道，你看中央开会，那个时候不像现在，没有电视机，又没有报纸，在农村就像瞎子一样，全凭感觉。今天宣传队没有来，好像生产队长还有点自主权，在以前不一样啊。（PKUXG06051903）

尽管没有电视、网络，但从镇上接触到的蹲点干部，宣传、动员的内容和频率，以及日常生产、生活组织中的点点滴滴，普通农民和基层干部感受到国家形势的转变和松动。正是在对外部局势有所洞察和把握的基础上，再加上小岗村独有的经济和社会文化惯习，包干到户就如同顺水推舟一般，在大包干到组的责任制推广过程中，自然而然地产生了。村民们本着干一天是一天，干一季是一季，上面检查就合并到一起，领导不管就继续单干的心态开始了最初的"包干到户"的尝试。

> 你也不要讲，我也不要讲。不来查，就你干你家的，我干我家的。要是来查，我们就并一下，到地里干一下，你帮我干，我帮你干。不来查，我们各人干各人的。上面哪能天天来查这个事呢？（PKUXG06022502）

（三）包干到户的逐层上报：基层干部对形势的觉察

在人民公社体制下，个体农民乃至生产队都只不过是国家更大的体制中的一环，因而在小岗生产队中所发生的一切在当时的环境下不可能不被大队、公社所发觉。然而此时的政治形势与上一章所述的1979年初山南公社包产到户试点时期相比，已经发生了一系列松动和变化，这就导致基层干部对小岗事件的态度与彼时相比，也发生了微妙但重要的转变。

小岗生产队所在的韩赵大队书记表示：一个生产大队发生的事情，都摆在眼前，不可能不知道。但是去公社和乡镇开会的时候，得到上层领导的暗示：对小岗村的包干到户采取睁一只眼、闭一只眼的态度，假装不知道，既不提倡，也不要压制，因为"谁也不知道路线怎么走，哪个知道哪个搞得对呢"。

> 我们也不知道，说不知道好像是不可能的，也知道。就是不问就是了。上面有时候到区里、到县里开会，县里也这样说：不问了，随便他们干，你们大队干部也不要主张分，也不要主张不分，就这样，他分他就分，他不分他就不分，你也不要提倡。（PKUXG06022502）

> 镇里开会说大队书记这一级干部，不管不问，随他小岗干去。就是管也不好，不管也不好。谁也不知道路线怎么走，哪个知道哪个搞得对

呢？这个你要一插手，将来一搞你，你会犯路线错误。就是问也不好，不问也不好，镇里领导开会叫不管不问，随便他们干。（PKU20060519）

小岗生产队所在的公社书记，则采取了在发现小岗村包干到户之后，第一时间向县委书记汇报，而不是直接压制或反对的态度。这与当时全省广泛开展各种形式的责任制的大背景密不可分，在各种新形式、新做法层出不穷的背景下，谁也说不准包干到户是否会成为下一步农业生产的组织形式。

> 1979年4月10号那一天，我们下乡回来路过梨园乡，小岗当时是梨园乡的。到那，张明楼书记汇报工作，开始没敢讲，汇报结束了，太阳落山了，就要回县里。他迟迟疑疑地说："陈书记，我还有个事情要跟你汇报一下。"陈庭元说："什么事情？"他说："我们有个生产队分到户干了。"（PKUFY06022401）

作为国家科层制一员的公社书记在了解到小岗村包干到户之后，虽然口头上要求按照国家政策合并成小组进行生产，但并没有真正采取强硬措施，迫使其回到之前生产的格局。

> 什么也没说，就是说小岗这样干不管，还要并起来。没有认真，没有来开会，没有来做具体工作，就这样说一下子。那时候在我想呢，就好像他也看不准上面什么路线。这样讲了，上面要说错了，他可以说我跟小岗讲过了，下面没执行好……这是我个人的看法，他就是不想管，要不然他说你真这样干，那真处理了。他也是看不准，我认为他也是看不准。（PKUXG20060519）

公社干部也对小岗包干到户的做法并没有十足的把握：说是错的，要真抓实干纠正这个错误吧，似乎按照当时从联产计酬到包干到组的发展形势，还真有可能发展到小岗村这一步；说是对的，也没有明确的文件指示或领导首肯。公社干部就陷入决策的两难境地，只好采取上推下卸的策略：一方面，向高层领导汇报，把决定权交给上层；另一方面，虽然指示大队干部要纠正单干的倾向，但不真正落实和执行，实际上给小岗村的包干到户提供了活动空间。

凤阳县委书记陈庭元听到公社领导的汇报，得知小岗村没有大包干到组，而是直接包干到户，第一反应也很恼火："那不怨你自己吗？大包干搞得好好的，怎么单干了呢？"（PKUFY06022401）

但是实地考察并仔细考虑之后，觉得小岗作为长期以来的落后穷队，包干到户之后粮食生产确实发展起来，从农业生产的角度看也不失为一件好事。陈庭元一看说："乖乖！你看这花生点的真好，像摆棋子一样，真漂亮。"（PKUFY06022401）

小岗村地处偏僻，在春耕生产的紧要关头，当地农民正在"大包干到组"这一新方式下埋头生产，暂时也不会注意到一个小村中悄然发生的变化："实际上别的地方都不知道，当时交通条件也差，谁也不愿意乱跑乱窜，大包干，都在家里干活。那时候也没有宣传。"解决生产为上，一个村小包干到户，也不会给全县大包干的工作带来太大影响。

> "他们都穷灰掉了，一个生产队他又跑不到台湾去，就这么干算了。"（PKUFY06022401）

再加上春耕已经开场，各家分户投入生产资料和成本，重新划归生产队难以核算，也容易导致农民的不满和矛盾。县委领导决定先保留小岗这样的耕作形式，到秋收之后再做决定。

> 分开了，种子、化肥都是各家各户自己买的，工分怎么算呢？他说我家买了100斤化肥，他说我家买了150斤化肥，怎么算呢？难算。这也是从实际考虑，干到秋天再说吧。干到秋天，庄稼全都收掉了，如果上面实在抓得紧，或者干不好，大家再拢起来。（PKUFY06022401）

实际上，在这些考虑背后，最深的原因还是从大包干到小包干中间，已经不再是从集体生产到家庭单干之间那样横着一道无法跨越的鸿沟。如果说，肥西县山南公社是顶着中央文件"不许分田到户"的明文规定展开试点；那么小岗生产队只不过是由于自身的经济与文化特性，将全县实行的大包干到组，从几户一组到两三户一组，又继续向前迈了一步。"包干到户"的影响从日后其在中国改革过程中的作用来看当然是巨大的；但是从当时的实践形势来看，并非不可逾越的一步——既然包干到大家庭可以，为什么不能包干到小家庭呢？既然可以从联产计酬、作业到组发展到包干到组，既然大组还可以划成小组，谁知道下一步政策的走向会不会就是如此呢？在这样的背景下，当地政府将小岗村的"包干到户"作为"大包干到组"的形式之一暂时保留下来，以观后效。

> 就像你是个学生，你一年连着几次来，因为这和你的事业有关。这个事情（指大包干到组）有人管，当时是他抓的一件大事，大包干，突然又出现了这个东西，它是一种特色，他心里，糊里糊涂，总想去看，只要有时间就想去看一看，看发展是不是好一些。（PKUFY06022401）

结果1979年秋收，小岗村的粮食产量确实突飞猛进。任何人看到下面一组数字都会产生一种不可思议的感觉。

> 1979年，由于实行了包干到户，加上风调雨顺，小岗队粮食总产达到6.6万多公斤，是1966年到1970年5年的总和；油料总产达到1.75万公斤，是过去20多年的总和。过去23年来，小岗队从未向国家缴纳一粒粮食，还年年吃供应，1979年，小岗队的粮食征购超任务为2800斤，实向国家交售1.25万公斤，超额完成任务7倍多；油料统购任务300斤，过去这项任务也是从来未履行过，而1979年卖给国家花生、芝麻1.25万公斤，超额完成任务80多倍。（中共安徽省委党史研究室，2006b：188）

"过去5年的总和"，"过去20多年的总和"，超额完成任务7倍多，超额完成任务80多倍……这一组数字对比在让人瞠目的同时，似乎确实在很大程度上证明了包干到户的增产效果。但是如果我们了解了小岗村作为一个倾向于个体手工业生产村庄的经济和社会文化特性，以及该村如何在集体化三十年间逃避集体生产和免交上缴的，这一组数字也就在常识可以接受的范围之内了。

　　面对小岗秋收生产取得的巨大成功，凤阳县县委组织撰写了《一剂必不可少的补药——凤阳县梨园公社小岗生产队"包干到户"的调查》一文，并于 1980 年 1 月安徽省农业会议上提交给万里。在这次会议上，万里代表安徽省委发言，第一次明确肯定了"包产到户也是联系产量责任制的形式之一"（安徽省档案馆，1999），并要求各地在实践过程中继续总结、完善各种生产责任制形式。万里得到这份报告后很感兴趣，"像读小说那样，一口气连看了两遍，被在小岗所发生的事情感动了"（陈庭元，2006：166），并很快亲自到小岗视察。

　　　　1980 年春节前夕，万里来到了小岗村，挨门挨户看了一遍，他笑呵呵地说：这样干，形势大好啊，我早就想这样干了，就是没有人敢干。严宏昌说：我们干了，人家说是开倒车，还能干下去吗？万里说：地委能批准你们干三年，我也能批准你们干五年吧！只要能多打粮食，对国家多作贡献，集体多提留，社员生活能改善，干一辈子也不是开倒车。在场的公社书记就插话说：周围群众都吵着要学小岗怎么办？万里说：学就学吧，对国家多作贡献，还能是坏事吗？（王郁昭，2006：121～122）

　　经历了基层干部的逐层默许和上报，以及万里的亲自视察和对小岗村敢为天下先的褒奖："我早就想这样干了，就是没有人敢干"，包干到户终于作为生产责任制的一种形式，在经历了包产到组、包产到户、包干到组等一系列中间过渡形态之后，成为安徽省推广农村改革过程中至关重要的最后一环。

　　然而此时安徽省改革派首肯之下的包干到户尚未取得国家层面上的合法性，换言之，这一时期全国各地农村生产管理办法仍然处在多种生产形式并存的转型边缘。那么，以包干到户为基本形式的家庭联产承包责任制又是如何在短短两三年时间之内在全国范围内迅速普及和推广，并成为全国性政治改革的先导呢？在这一过程中，以小岗事件为原型的符号建构，在将农村改革推向全国的制度转型过程中成为至关重要的符号纽带和意象基础。

二 作为符号的小岗：国家合法性转变的重要意象基础

从集体化末期就存在的包产到组，到安徽省委培养和确立的山南公社包产到户的试点，再到凤阳地区推行的大包干到组，和小岗村出现的小包干到户，是一个责任制形式逐步深化的进程。然而事实上，小岗村在安徽农村改革过程中起到的作用，还远不及它之后作为一种符号、一段神话或一种意象，在改革向全国普遍推广的过程中所起到的重要推进作用。在本节中，我们将从生存伦理与国家意象彼此互构的角度，来理解小岗作为一个符号象征如何在整个国家制度转型过程中发挥了根本性的推动作用。

（一）小岗符号的意义：生存伦理与制度更替

万里在视察小岗村一个月之后，1980 年 2 月 29 日调任中共中央书记处书记。这实际上是改革派在中央高层意见中占据主导位置的重要标志。在之后短短两三年内，农村家庭联产承包责任制就开始在全国推行开来：1980年 9 月 27 日中共中央 75 号文件提出"可以包产到户"；1982 年 1 月 1 日中共中央 1 号文件肯定"包产到户是社会主义集体经济的生产责任制"；1983年 1 月 1 日，中共中央第二个 1 号文件评述："党的十一届三中全会以来，我国农村发生了许多重大变化，其中影响最深远的是，普遍实行了多种形式的农业生产责任制，而联产承包责任制又越来越成为主要形式。"到 1984年，全国已经基本完成从"三级所有、队为基础"的集体化生产向家庭农业生产的转变。

国家为何在短短几年间展开制度巨大变革的同时，仍然能够保持国家意象上的一致性？（这种话语结构和意识形态上的延续性是中国市场转型的两个重要特征之一，另一个是第五章第三节中提到的：政权结构的稳定性）。道格拉斯指出：制度不只是有形的组织，更是无形的观念。任何一种社会变革都不只包括有形的制度上的更替，还包括观念、规范、信仰、神话的改变，简言之，是社会整合机制的改变（Douglas，1986）。相比于东欧剧变而言，中国的经济改革惯常被称作"渐进式改革"。但是，"渐进"更多的是从行动的层面上，对制度变更、资源重组、经济发展水平与社会不平等形态等进行的描述、探讨与分析，正如已有学者所指出的：这种"政治经济学的研究取向，在改革后的中国社会甚为流行"（流心，2005：2）。这种分析必不可少，但在某种程度上忽视了话语层面上的变革。用葛兰西的霸权理论来分析，中国的市场改革是一种智识和道德上的变革，而非东欧"综合式的爆发"。因为它不是一套意识形态话语对另一套意识形态话语全面而彻底的拒斥和替代；而是在意识形态和政治结构保持延续性的前提下，从已有的话语要素中进行拣选和重新接合，从而形成新的话语工程的过程。

在市场转型的关口，国家在之前三十余年社会主义改造过程中确立起来的种种社会规范和信仰——包括集体利益、社会公平、公共福利等，仍然深深镌刻在国家肌体之上。这就要求改革派领导者在进行农村政策变革的同时，需要从已有的国家话语要素中进行拣选和重新接合，从而提供一套在当时的历史背景下能够与既有国家话语衔接的符号体系。兰瑟姆在研究中指出，政府的合法性一方面当然来自物质表现，而更多的则来自政府对"转型话语"（rhetoric of transition）的使用，"即便当下的实践是全新的，人们也需要将其置于之前的历史情境以及过去所遗留下来的传统之中"（Latham，2002：220）。因为只有如此，人们才能够为自己的生活经历奠定阐述的基础，在他们的过去、当下与未来之间建立起不可或缺的联系与纽带。需要强调的是，这种意象层面上的重塑绝不是高高在上，远离日常生活的。相反，作为国家意志的一种符号化的表达，这种意象必定要以某种具体形式呈现，鲜明、生动、直观并且直慑人心。

正是在这一意义上，我们所熟知的"小岗故事"起到了至关重要的符号作用。在这段人们耳熟能详的叙述中，安徽省委在全省范围内推广各种生产责任制的背景被隐去了，历史经历中的种种不合也被"善意"地抹去了。由于其独特的历史背景和鲜明的时代特色，小岗村在包干到户后农业产量的快速增长在被剥离历史、社会情境之后，很快成为政策优越性的绝好证明。"说凤阳，道凤阳，凤阳是个好地方，自从出了朱皇帝，十年倒有九年荒。说凤阳，道凤阳，自从实行了大包干，一年更比一年强。打起花鼓把歌唱，打起花鼓把歌唱！"（凤阳地区民谣）小岗村十八户农民被树立为打破制度僵局的先驱、代表和模范。换言之，"他们变成了更大的历史事件的组成部分，他们的历史价值也发生了变化"（柯文，1997：20）。在这样一个被建构出来的符号中，是农民及其对生存的渴求，在生活压力下形成一股势不可挡的动力，成为打破僵化制度的突破性力量，率先开始了家庭联产承包责任制的尝试。"这场改革的主力军是广大农民群众，是千百万农民群众的伟大壮举。"（周曰礼，2005：27）"农村搞家庭联产承包，这个发明权是农民的。"（邓小平，1993：382）国家政策的重大变更正是由于顺应了农民的根本意愿，才进一步促进了农业经济与社会的发展："农村政策放宽以后，一些适宜搞包产到户的地方搞了包产到户，效果很好，变化很快。安徽肥西县绝大多数生产队搞了包产到户，增产幅度很大。'凤阳花鼓'中唱的那个凤阳县，绝大多数生产队搞了大包干，也是一年翻身，改变面貌。"（邓小平，1993：315）在"小岗典型"中，重要的不再是实际发生了什么，而是这一符号所代表的万千农户及其对生存的基本渴求成为制度变革的推动力量。

"道义经济"抑或"理性小农"是农民学领域中长期探讨的"斯科特–波普金论题"，在这样一个论题的背后是对农民行为选择和逻辑的思考与判断。在以斯科特为代表的道义经济学者看来：小农的偏好行为是追求生存利益最大化，一切经济活动都以生存为首要目标，"生存伦理就是根植于农民社会的经济实践和社会交易之中的道德原则和生存权利"（斯科特，2001：8）。生存伦理包含两条基本原则，一是"安全第一"，极力"避免风险"；二是在同一共同体中尊重人人都有维持生计的基本权利和道德观念。在《农民的道义经济学》一书中，斯科特勾勒出了挣扎于生存线的农民的基本的生存伦理和行为逻辑，在严酷而强大的生存压力面前，生存取向而非利益取向构成了农业社会理性与资本主义经济理性之间的巨大差异，农民行为的首选目标是保障生存，而非利润最大化。而在以波普金为代表的"政治经济"学者看来：小农并不缺乏理性，而是一样精于算计和投资；乡村社会也并不是充满互惠和庇护的世外桃源，同样存在着不信任、嫉妒、竞争、摩擦和冲突；自利的农民同样会计算反抗的成本与收益，以判断是否为一次集体行动贡献力量（Popkin，1979）。

黄宗智和杜赞奇在对中国小农的考察中，都曾指出无论是斯科特还是波普金的理论都无法单一地解释中国现实，"小农既是一个追求利润者，又是维持生计的生产者，当然更是受剥削的耕作者"（黄宗智，1986）。事实上，在作为事件的小岗故事中，我们看到更多的反而是作为投资者的小农在感受到外部形势的变动之后，为自己谋求私利的理性计算行为。但是为什么道义经济背后的"生存伦理"而非理性小农的"审慎计算"成为国家制度变革的"转型话语"？这是由于私利是不稳定的，追逐个人利益的行为虽然能够为社会所接受，但并不足以成为一个社会稳定制度的话语基础。一个社会的中心制度话语必须超越狭隘基础上的个人私利，使得这一行动不仅是合乎情理、可以接受的，更应当是值得称颂，乃至神圣不容亵渎的，它体现了稳定的、共享的价值观念，并将成为人际共识和社会判断的基础（周雪光，2003）。

如果我们将集体化时期的国家发展路线理解为社会主义"革命"的继续行进（黄宗智，1998）；那么"发展"的话语则在市场转型之后长期占据国家治理话语的重要位置。这样一对"革命"与"发展"的话语 - 历史矛盾，实际上与李放春在对土改所做的研究中提出的"翻身"与"生产"之间的话语张力是基本一致的。李放春在对北方土改的研究中指出，"翻身与生产的矛盾构成革命 - 生产这一中国革命现代性矛盾的原初形态；在一定意义上来说，这一新民主主义革命的话语 - 历史矛盾已经预示了未来将贯穿整个社会主义革命实践的结构性张力"（李放春，2005）。而农民自身的"生存伦理"正是在革命与发展这样一对看似水火不容的话语逻辑上，为具有延续性的国家意象的转换提供了一种可能。原国家农业委员会副主任杜润生在自述中回忆道：

　　农口有位长期从事农村工作的老干部，为人诚恳，朴实无华，忠于社会主义公有制理想。当时，为了解包产到户问题专程到安徽调查，返京前和万里发生争论。据知情人告诉我，两人对话如下：

　　某：包干到户，不同于田间管理责任制，没有统一经营，不符合社会主义所有制性质，不宜普遍推广。

　　万：包干到户，是群众要求，群众不过是为了吃饱肚子，有什么不符合社会主义，为什么不可行？

　　某：它离开了社会主义方向，不是走共同富裕的道路。

　　万：社会主义和人民群众，你要什么？

　　某：我要社会主义！

　　万：我要群众！

　　争论双方所用语言，逻辑上虽有不严密的地方，真理是在万里一

边，社会主义目标本是为了人的全面发展。失去群众支持的社会主义，不是真正的社会主义。（杜润生，2005：126）

这一番政治治理争论表明，"真理"之所以站在改革派一边，是与其对"转型话语"的成功塑造密切相关的——"人民群众"及其生存需要既是人们基于已有的国家治理意象和目标所能够接受的理念规范，也为接下来的改革派领导者所推进的制度变革奠定了新的、更具稳定性的合法性基础。

一方面，革命的逻辑虽然并不等同于农民的生存伦理，但是维持普通民众的基本生计显然是发动"革命"至关重要的情感号召与基础目标。与纯粹的经济理性相比，传统乡村伦理和阶级冲突的话语所共同珍视的道义基础包括：在根本利益关系上，"全体村民的安危高于个人利益"与"人民群众的利益高于一切"；在社群关系上，"老有所终，鳏、寡、孤、独、废疾者皆有所养"与"合作、互助、社会主义共同富裕"；等等。这就使得"生存伦理"的道义基础一方面来源和扎根于农业社会家庭绵延的根本需要；另一方面，其看重乡村共同体基本生存需求的道义压力也在革命话语中被继承下来，成为社会动员的重要基础。无论是抗日战争、解放战争还是在土地改革的过程中，农民的生存伦理都曾经是国家资源和符号动员的重要象征手段。

乡村道义　阶级斗争　生存伦理　经济发展

图6-1　国家话语的演变

但另一方面，"生存伦理"的道德要求本身还蕴含了国家治理话语发展的新的可能。以生存为基础的生产虽然不同于单纯经济理性的"发展"，然而二者之间都更加看重物质生产本身，而非其他社会或意识形态层面的改造目标。正因为如此，以人民群众"生存伦理"为基础的"小岗典型"才能够在"革命"和"发展"的话语之间搭建起重要的桥梁，使得国家意识形态基础和话语逻辑在没有被根本否定的前提下，向新的可能迈出至关重要的一步。由此开始，"贫穷不是社会主义"的转型话语开始取代"阶级斗争"的政治话语，继而为20世纪90年代之后国家话语进入"发展是硬道理"的新阶段迈出了重要却是转折性的第一步。

中国农村改革的发端不仅要面对来自已有的国家政权结构的阻力——

这一点在第五章第三节"试点的阻力"中已有所涉及；还要处理好国家在集体化三十年中已经树立起来的各种革命目标和信仰——包括合作、公平与福利——与当下的联系。制度变革本身必须提供一套新的、人们基于已有的"认知资本"能够共同接受的理念规范。正是在这一点上，以小岗符号为代表的农民生存伦理的凸显发挥了至关重要的纽带和桥梁作用，在中国市场转型的突破口处发出短暂而耀眼的光芒，成为当时衡量国家一切政策合法性的重要尺度。

（二）符号背后的权力关系：作为国家意志承载者的农民

在剖析了小岗符号所蕴含的意义——农民的生存伦理成为国家制度更替的重要话语基础——之后，我们有必要反思这一符号背后的真正权力关系究竟是什么。换言之，在这样一场重大的社会转变过程中，国家和农民究竟得到（或失去）些什么。具体而言，在中国农村改革的过程中，农民的主体性是否得到了更大程度的发挥？如果是的话，这种主体性的发挥是否足以确保其物质收益上的稳定增长？抑或只是使其成为国家意志的承载者？从国家的角度而言，以农民生存伦理为突破口的农村改革在经济、社会发展与意识形态合法性上又产生了何种影响呢？下文将从农民与国家的角度分别加以考察。

1. 农民

尽管越来越多的研究指出，20世纪70年代末以来的农业经济的迅速增长是多种原因共同造成的，如农业杂交水稻从1976年开始推广，化学肥料的普及，农业机械化的增长，等等（潘维，2003）。但是，不可否认的一点是，体制的变革确实带来了农业生产劳动力投入的迅速增长，换言之，农民的苦干、多干的确是造成农业经济迅速发展的重要（如果不是最重要）原因之一。

> 来安县书记王业美同志下乡，看到一家夫妻两人后面跟着两个孩子，大的六岁，小的三岁，他们在田里捣穴施化肥，大人在前面捣洞，大孩子往洞里丢肥，小孩子在后面盖土。王业美同志问这对夫妻，小孩不干你揍不揍他？他们回答说，我不揍他，就是揍他两耳光，他不一定好好干。我告诉他"你要好好干，回家煮鸡蛋给你吃"，他就干

了。看，对三岁小孩子也要讲物质利益，何况大人呢！包产到户后，每家每户正是为了物质利益，男女老少一齐上，出勤率和劳动工效之高是前所未有的，农活质量之好也是合作化以来没有见过的。（中共肥西县委党史研究室，2005：177）

包干到户与集体农业时期相比，农民不再只是国家控制农业生产过程的一个环节，而是直接与农产品发生关联的主体。正是在这种物质诱因的直接促动下，农民才会在包干到户之后，以更大的主体热情投入到劳动生产当中。

除了包干到户政策之外，1979 年前后国家对农产品价格的上调更是进一步促进了农民生产积极性的提高。自 1953 年起，国家逐步实行了粮食、棉花、油料等重要农产品的统购、派购制度，只允许国有粮食机构、供销合作社等特定机构以计划价格对农产品进行收购。1979 年是人民公社制度实行数十年间，国家第一次提高粮食收购价格。《人民日报》1979 年 10 月 25 日文《国务院提高十八种主要农产品的收购价格》中报道，粮食基本收购价上调 20%，超产收购价上调 50%（Oi，1989：157）。棉花和农副产品等其他农业产品的收购价格也得到大幅上调（宋洪远，2008：298）。

表 6-1　国营商业农副产品收购牌价指数

项　　目	1952 年	1957 年	1965 年	1978 年	1980 年	1983 年
总指数	122	146	185	207	251	260
粮食	121	141	191	224	271	283
经济作物	113	126	152	174	211	215
畜产品	106	146	192	202	256	261
其他农副产品	161	210	251	280	318	345

资料来源：国家统计局农村社会经济统计司，1984，《中国农村经济年鉴》，中国统计出版社，第 176 页。

注：以 1950 年价格为 100。

在粮食价格上调的利益促动下，包干到户之后的家庭经营显然具备了更大的生产动力，农村家庭纷纷以更大的劳动热情投入到生产过程之中，以多干苦干、精耕细作，将小农理性发挥到极致的方式为自己争取更大的收益。

　　材料搞好后，已是夜里 11 点钟了。我们沿着合肥到六安的公路，边走边议。当看到公路两边万籁无声的村庄时，就评论说这里可能是坚持集体劳动的地方；当走到官亭区金桥公社地界时，看到不少农民趁着皎洁的月光，在田间紧张地忙碌着，就评论说这里可能是包产到户的地方。我们下车站在公路旁边向北看，河里有小船在划动，像是运送肥料的；河边有人摇动水车，正向地里抽水灌溉。转过身来看南边，不少三三两两的男女，在犁田整地，准备栽插水稻。我们走到田头，向一对小夫妻询问道："快到下半夜了，你们怎么还不休息呀！"男的回答说："政府将土地承包给我们，生产搞不好，就对不起政府。现在季节不等人，庄稼早一天下地，就能多收一点粮食。"（周日礼，2005：745）

　　通过将农民的经济收益同农产品的增长直接联系在一起，国家成功地将农民对生产活动的参与从被动参与的状态转变为主动投入的状态："现在这个分到户以后呢，个人啊，实心实意地干，给自己干。"（THU070129DJ）

　　从另一个角度而言，包干到户之后，国家不再像生产队体制一样，在将个体农民纳入集体生产环节的同时，有责任确保其最基本的生存需要。"一分开，你不干，你家田在那儿荒着，你收不到粮食，没哪个管你。"（PKUXG06022502）这就意味着农民要对自己的生产成本和收益负责，收益不好在很大程度上只能归于农民自身而非制度原因："收成不好的人少，他也没办法讲啊，怎么讲啊？你懒汉，你没种到，你收少，收少就是了。"（THU060511XSD）

　　中国农民重新回到了孟德拉斯对"小农生产制度"的描述之中，"既然农民熟悉他的土地，懂得耕作，于是缺陷只能是来自实施不力、延误、疏忽、劳动不足或干得不好，总之，是一种个人自律上的缺陷……"（孟德拉斯，2005：177-178）。这种增长模式充其量不过是黄宗智笔下的"内卷化"增长，无法获得生产方式的根本性转变与增长。

　　后来杂交稻一年比一年多收粮食。干干又挣不到钱了，价钱又不照了。（PKUFY06022503）

　　从八三（1983）年底基本上全部改革，农村，凤阳起码改革要比其他地方提前三年，提前三年有什么好处呢？不光是多收点粮食，这三年它还使一种集体所有制的管理方法，就是上面那个管理方法，下面讨便宜，讨什么便宜呢？粮食价格很贵，农资便宜，这个反差给农民讨了三年的便宜，所以那几年农民富得很快。全国改革以后，粮食价格就下降了，农民农业生产的资料就涨价了，后来老百姓基本上讨不到什么巧。一直到前两年，种粮食就基本上不赚钱。（PKUFY06022401）

农民收入的持续增长在很大程度上并不是以农民劳动力支出的不断扩大为基础的，还在很大程度上仰仗于粮食市场价格、农业生产成本（农资价格）、国家农业政策等其他要素。这就造成农村改革之后，农民收入的增长并没有保持长期稳定增长的态势。从表6-2中我们可以看出，从1979年到1985年，是农民收入增长的超常规阶段，农村居民人均纯收入年均增长15.2%。安徽省比全国农村改革提前的三年是一段非常宝贵的时间。由于在这样一个时期中，农业生产资料的价格相对较低，而当时国家为了激发农民的生产积极性，大幅度提高了农产品的收购价格。在这样一种低成本-高收入的格局下，农民以传统家庭为单位进行的精耕细作的确给双方都带来了极大的收益。但是这种收入增长的态势很快就伴随着国家优惠政策的弱化和工农业剪刀差的增长而减缓甚至于消失。这就导致市场改革初期的农民的确为国家创造出持续而稳定的粮食产量增长，但在自身的经济收益上却呈现更多的不确定性。这种制度优惠和转变的早期优势在1985年之后开始逐渐消失，农业生产的依附性位置和城乡收入差距的不断扩大仍然没有得到根本改变。

表6-2　农民纯收入增长速度变动表

单位：%

年份	名义增长速度	实际增长速度	年份	名义增长速度	实际增长速度
1979	19.91	19.92	1985	11.90	7.80
1980	19.45	16.60	1986	6.58	3.20
1981	16.78	15.40	1987	9.15	5.20
1982	20.89	19.90	1988	17.81	6.40
1983	14.68	14.20	1989	10.38	-1.60
1984	14.71	13.60	1990	14.10	1.80

年份	名义增长速度	实际增长速度	年份	名义增长速度	实际增长速度
1991	3.20	2.00	1998	3.44	4.30
1992	10.65	5.00	1999	2.24	3.80
1993	17.56	3.20	2000	1.95	2.10
1994	32.48	5.00	2001	5.01	4.20
1995	29.24	5.30	2002	4.63	4.80
1996	22.08	9.00	2003	5.90	4.30
1997	8.52	4.60	2004	12.00	6.80

资料来源：宋洪远，2008：350。

2. 国家

与农民得到的收入的有限增长相比，国家在这一转型过程中的经济与社会收益可以说是稳定而持久的。这主要表现在以下三个方面。

（1）国家控制成本下降

从人民公社到家庭联产承包责任制的转变使得国家制度控制的成本得到大幅下降。我们在第三章第三节中提到周其仁先生在对集体化时期的研究中曾经指出，在人民公社时期，国家控制农业生产的成本费用主要包括：农用生产资料销售额、人民公社集体经济的管理费用、人民公社社员从集体经营部分得到的纯收入、财政支农资金、国家的行政和军费开支、农民从家庭副业部分获得的纯收入、农村贷款余额等。农村改革之后，人民公社集体经济的管理费用被大幅降低了；改革初期由于农用生产资料"包产到户"，生产成本也得到了更有效的利用。

> 和以前相比，在发展生产的过程中，更加注意经济核算，讲究经济效果了。……普遍反映，今年商品肥料的利用率大大提高了，就拿施磷肥来说吧，过去这一带施磷肥，用大锹拍拍就往田里撒。今年把磷肥买回来，先用锥窝子砸一砸，再用细筛子筛一筛，拌上灰土粪再下田。今年（1979年）一至五月与去年同期比较，农药、薄膜用量大大减少。……以上两项合计少开支12.4738万元。（中共肥西县委党史研究室，2005：169）

（2）财政收入的增长

与此同时，国家的农产品征购额也得到大幅提高。从表6-3中可以看出，从完成社会主义改造之后的1956年到1978年间，国家的净收购量（国家收购粮减去返销粮的数量）长期徘徊在3000万吨上下。在全国普遍推广农村家庭联产承包责任制之后，伴随粮食总产量的快速增长，国家的净收购额也从1977年的3756万吨，迅速提高到1983年的8845万吨，提高了1.35倍。这7年间的年均收购量也达到了5645万吨，远远高于之前20多年间3633万吨的平均收购量。

表 6 - 3 1956～1983 年全国粮食总产与净收购量

单位：万吨

年　份	产　量	净收购量
1956	19274	2870
1957	19504	3387
1958	20000	4172
1959	17000	4756
1960	14350	3089
1961	14750	2580
1962	16000	2572
1963	17000	2892
1964	18750	3184
1965	19452	3359
1966	21400	3824
1967	21782	3774
1968	20905	3786
1969	21097	3382
1970	23995	4202
1971	25014	3982
1972	24048	3392
1973	26493	4100
1974	27527	4397
1975	28451	4394

年　份	产　量	净收购量
1976	28630	4072
1977	28272	3756
1978	30476	4271
1979	33211	5170
1980	32055	4797
1981	32502	4877
1982	35450	5911
1983	38727	8845

资料来源：中国农业统计年鉴，1984：157。

国家征购粮连年快速增长的后果是，"到1984年，随着农业生产连年丰收，我们农产品供应紧张的状况有了明显好转，农产品贸易形式也发生了较大变化。粮食产量超过4亿吨，比1978年增长33.6%；棉花产量达到625.8万吨，比1978年增长1.89倍；糖料产量达到4780万吨，比1978年增长1.01倍；粮食净进口量从1983年开始大幅度减少，1985年出现了出口略大于进口的情况；棉花、食用植物油、食糖的净进口也大幅度下降，其中食用植物油从1984年变为净出口；1985年在棉纺织品出口继续增长的同时，棉花也出现净出口"（宋洪远，2008：302）。

（3）奠定市场转型的合法性基础

国家从农业体制改革中得到的收益并不止于财政收入方面。布兰特斯塔德在研究中指出，中国农村改革所具有的延续性特点，产生了两方面的影响，一是乡村政府及国家对乡村重要资源的控制；二是从土地作为领土的视角来看，所有在其领地上的"发展"都归功，同时也属于国家（Brandtstädter，2005：23）。国家也深知农民在情感上对国家主体的依赖，并借此影响和召唤农民的市场行为：农业收益的提高来自国家政策的变革，作为改革受益者的农民不应"忘本"，要把超产量以低价卖给国家，回报政策优惠。

多的粮食当时叫超产粮，吃不掉的话卖给国家。但是国家的粮食比市场粮食价格要稍微低一点。政府是这样讲的：国家现在把田地分到户了，给农民自己种了，你们现在也有自主权了，产量也高了，收入也高了，以后你们不要忘本（重读）。要把这个超产粮卖给国家，不要到市场去卖。（THU070128DJ）

作为整个中国市场改革的先行军，农村改革初期取得的巨大成功，在很大程度上为之后的市场化转型奠定了合法化的基础。"我们的改革和开放是从经济方面开始的，首先又是从农村开始的。……农村改革的成功增加了我们的信心，我们把农村改革的经验运用到城市，进行以城市为重点的全面经济体制改革。"（邓小平，1993：237~239）

可见，通过对农村土地政策的调整，在集体化时期被束缚的农民自身的生产积极性的确在适宜的地区被更大程度地发挥出来。并且这种主体性与改革初期国家征购价格的上调一起为农民自身的物质收益创造了可能的空间。然而，农民生产自主性的提高并不是其物质收益持续增长的充分甚至根本条件。市场转型时期的农民除了为国家创造出粮食产量快速、稳定的增长之外，在自身的经济收益上却呈现更多的不确定性。另一方面，从国家层面而言，通过将农民的生存伦理转化为过渡时期的治理符号，国家不但取得了成本－收益费用上的根本逆转，而且为之后整个市场转型的推进奠定了一个良好的合法性基础，国家成为这场转变的最终受益者。

三　本章小结

如果说改革派领导者在其辖区内多点推进的试点改革还只是一种权力实践上的策略；那么如何将个别村庄和地区的成功上升为国家治理的符号和意象层面，从而在实现国家制度转变的同时确保意识形态话语的延续性和一致性，就成为改革派领导者下一步工作的重点。在这个意义上，改革派需要广大人民群众的积极参与和支持以证明其改革措施的合法性；乡村社会也迫切需要改革以实现其家庭生产的自主性。二者的相互契合是改革派领导者能够在基层村庄不断深化政策改革的尝试，农民在感受到有利的外部环境之后甘愿承担风险、突破既有政策边界的根本原因。

与人们通常的认识不同，小岗村包干到户并不是出现在安徽省农村改革的最初阶段，而是出现在安徽省农村改革的推进时期；经历了包产到组

—包产到户—大包干到组等责任制形式之后，在安徽省委号召各地实行适宜于本地生产的责任制的形势下，是小岗村村民将"大包干到组"进一步向前推进的结果。包干到户之所以在小岗村率先出现，是与当地独特的经济、社会特性密切相关的。这也从侧面反映了中国广大农村地区之间普遍存在的各种分化和差异。与山南公社包产到户试点时期相比，这一阶段的基层干部已经能够洞察到上层局势的变动，因而对小岗村包干到户的出现采取了更加宽容、默许，乃至推动的态度。

事实上，作为安徽省农村改革过程中促进责任制形式进一步深化的小岗村事件本身，还远不及它之后在多方力量共同作用下，被建构为一个符号、一段神话或一种意象，在农村家庭联产承包责任制继续向全国普遍推广的过程中所起到的作用。通过将农民的生存伦理转化为自身的治理符号，国家改革派领导者成功地在制度更替的关口完成了话语逻辑的延续性转变。以小岗符号为代表的农民生存逻辑在国家治理过程中的短暂凸显，一方面使得农民作为承载着国家意志的生产者，以更大的主体热情投入到生产过程中，为国家创造出持续、稳定的财政收入来源；另一方面，农村改革的成功也缓解了集体化末期国家治理陷入的僵局，并且为下一步市场转型的全面铺开奠定了良好的合法性基础。

第七章
两种逻辑的相互投射与构成

一　安徽省农村改革的进程

在前文中，我们对安徽省 20 世纪 70 年代末在全国率先实行农村改革的基本历程进行了一个简单的回顾。或许这不是一个面面俱到的历史回放，但是透过文中选取的改革过程中发挥重要推动性作用的几个关键环节，我们仍然能够大概地勾勒出农村改革在实践中逐步展开和深化的进程。

　　……

　　1975～1978 年，部分地区在体制内尝试"联产计酬，包产到组"

　　1977 年 11 月，省委六条将生产自主权下放到生产队

　　1978 年 9 月，旱灾下省委允许"借地种麦"，黄花村实行"四定一奖"

　　1979 年 2 月初，安徽省委在山南公社设立"包产到户"试点

　　1979 年 2 月中旬，安徽省委在全省推广各种形式的生产责任制

　　1979 年 2 月中下旬，凤阳县开始在全县推广"大包干到组"

　　1979 年春天，小岗村小组分权，包干到户应运而生

　　1980 年 1 月，全省农村工作会议肯定农村家庭责任制①

　　……

通过对安徽省农村改革进程的简单回顾，可以看出安徽省农村改革的

---

　　①　更完整的时间序列表参见附录。

进程是一个包产到组—包产到户—大包干到组—小包干到户的逐步深化的过程。

从集体化末期起，一些基层地区和省委改革派就开始了联产计酬、扩大生产队自主权等经济改革的尝试。尽管这些改革措施旨在恢复农户的生产自主权，提高农业生产效率，但由于人民公社体制的限制，这些措施起到的促进作用仍然是相当有限的，农民们更多的还是以日常生活中的策略追求自身利益的满足。农民日常行动长期而普遍的存在最终消磨了国家经济发展与社会改造的目标，陷入合法性危机的国家开始寻求新的治理资源和方式。然而在集体化末期，无论是保守派还是改革派都无法通过自上而下的渠道缓解乡村社会的困境。那么，在国家－农民关系陷入僵局的情形下，农村改革何以会在短短两三年的时间中以一种势不可挡的局面在安徽乃至全国范围内迅速铺展开来呢？

本书认为，改革派领导者在这一过程中扮演了至关重要的角色。由于自上而下的制度变革面对着政治科层结构与意识形态话语的限制，因而改革突破的第一步就是要在国家治理的末端——村庄行动中找寻行动的契机。面对1978年夏秋旱灾激发出的乡村社会中积蓄已久的矛盾和紧张，国家出于生产自救的目的，对村庄自主行动做出了一定程度的让步。在省委"借地度荒"，种"保命麦"的政策变通下，具有乡土背景的工作队干部与村民们一起，共同在形势的不断发展中，将这一政策逐步向前推进。然而正如口述历史材料所揭示的，此时作为行动主体的村庄相对于外部力量而言仍然显得十分脆弱，在很大程度上仰仗着局势的发展、变动。如果没有接下来的一系列故事的展开，村庄行动也许会和历史上的历次经历一样，在灾害结束之后，重新回到"三级所有、队为基础"的旧体制之下。

然而一封小小的"人民来信"使得这个村庄悄然发生的变革进入了安徽省委决策层的视野。苦于无法在体制内展开制度变革的改革派领导人很快选择了这一村庄所在区的公社召开政策宣讲会，展开群众动员，将具有不同利益和价值取向的农民群体划归为一致的"公义基础"，从而使得改革派意见在中央政策文件规定之外，取得了基层民众的一致赞同作为变革的合法性基础，并以"试点"的方式在山南公社展开小规模、尝试性的活动，从而为更大范围内的变革寻找实践的契机。试点的进行并不是一帆风顺的，作为国家科层制层级中的官员面临国家既有政策文本的压力，对试点的合法性基础进行质疑乃至否定。此时，中国科层化过程中"结构科层化"与"功能去科层化"之间的悖论为改革派权威的行使提供了行动空间：通过"权力空降""内部说服教育"等策略，包产到户试点得以在不危害原有政权结构与科层制体系的前提下继续展开。通过对山南公社试点一年成功实践的验收和褒奖，省委改革派不但肯定了包产到户能够增加农业产量，并且也没有减弱原有人民公社体制的优势。在将试点成功确立为学习典范和楷模之后，农民们洞察到局势变动的波澜，开始追寻有利于自身的行动。村庄行动的萌芽就这样一步步被国家改革力量培育起来。

在山南公社被确立为包产到户试点后的 10 天左右，安徽省委在全省范围内开始了对各种形式生产责任制的推广。滁县地区凤阳县作为具有"作业到组、联产计酬"传统的地区，也在此后不久开始在全县范围内推广起"大包干到组"的责任制形式——"包干"是对"包产"责任制的进一步深化。今天我们所熟知的"小岗村十八户农民"就是在这样一种形势下，在实行了短暂的"包干到组"之后，将责任制形式继续向前推进了一步，实行了后来全国普遍实行的家庭承包责任制形式——小包干到户。此时的基层干部与前一阶段试点时期相比，已经开始洞察到外部局势的变化，而对小岗村出现的变化采取了更加宽容，甚至默许的态度。小岗个案的出现原本是有其历史和村庄特殊性的，但是这样一个具有历史鲜明对比和政治"可塑性"的村庄，显然为建构转型期的国家合法性意象提供了有利的原型。于是，以农民生存伦理为主线的"小岗符号"被确立起来，成为转型时期改革派在全国范围内普遍推行农村改革政策的重要符号象征与情感纽带。

"就全国范围而言，1980 年初，全国还只有 1.1% 的生产队实行家庭承包制，年底就达到 20%，1984 年年底则达到了 100%，实行家庭承包制的农户也达到了 97.9%，随即人民公社被废除。"（蔡昉等，2008：27）

二　生存逻辑与治理逻辑的互构

新国家论的代表人物埃文斯在对东亚国家工业经济发展的考察中发现：在强调国家"相对自主性"的同时，必须要关注到国家与社会相关部门的关联与互洽。只有当国家与社会力量之间达成某种"治理性相互依赖"

（governed interdependence）时，国家自我实现的目标和经济发展才能协同互惠，此时的国家能力更多的体现为一种社会协同（synergy）而非强制（Evans，1995；Weiss，1998）。与之类似，中国农村改革的动力基础也不是简单的国家巨手抑或农民无意识的联合就可以涵盖，而是农民的生存理性与国家的治理逻辑之间复杂的勾连、投射与相互塑造。

（一）农民的生存理性及其有限的行动能力

家庭原本就是农村基层社会生产、生活乃至伦理关系组织的基本单位，农村改革就是一个不断恢复原有社会结构的过程（渠敬东，2013），但是不能因为政策本身的受欢迎程度就得出农民是根本性的推动力量这一结论。到20世纪70年代末，尽管国家推行统一的人民公社体制，但是不同的自然地理条件与社会文化传统，已经造成了地区之间的差异和分化。一些村庄中原本就存在的个体手工业传统，或者对权威的服从等社会文化因素也会造成农民在生产取向上的差异。即便在相似的自然与社会条件下，村庄内也存在由不同的劳动分工、家庭结构和代际经历所带来的农民之间的分化。这就导致在农村改革过程中，农民的主体性虽然也反映在对政策局势的把握和捕捉，在体制框架允许的范围内寻找有利于自身利益的行动策略，以官方话语建构自身的政治－伦理期待等方面；但是这些行动却具有分散性、暂时性、脆弱性、观望性的特点，大都没有达成一致的愿望，缺乏普遍的组织力量，没有形成突破性的动力，随时可能因国家政策的变动而四分五裂、中途夭折。农民的政治行为更多的表现为"对个人利益的反应或消极的抵抗，而不是试图去直接改变国家"（米格代尔，1974：175）。

集体化末期的农民也会"部分地洞察"国家的治理话语和逻辑，并通过对国家原有话语要素的重新解构和建构，表达自身对现实权力关系的理解和对政治世界的价值伦理期待；甚至在某些公开文本的表演中迎合国家治理的需要和要求，为自身争取更多的关注和资源。诸如此类的底层政治尽管有可能带来小范围内基层民众暂时、部分生存状况的改变，却在根本上复制着原有统治的逻辑，没有对既存国家制度产生根本性的冲击与改变。作为整个中国市场改革的先行军，农村改革的巨大成功为之后整个国家市场转型的推进奠定了重要的合法性基础。

（二）作为行动主体的国家与"有关国家的人类学"

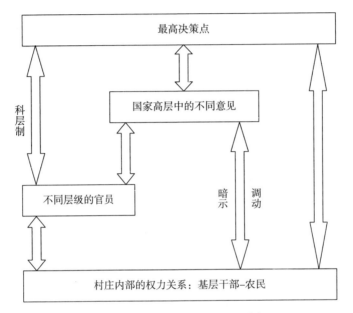

图 7 - 1　国家层级中的划分与联合

农村改革的直接推动力量还是国家发展方向和治理方式的根本性变化，虽然这种权力运作未必像土改时期那般暴风骤雨，或者像集体化时期具有相当程度的强制性，但不可否认的是：国家主体及其意志仍然在整个市场转型的过程中扮演了积极而主动的角色，作为主体的国家是中国市场转型的最大赢家。

在强调国家发挥重要作用的同时，本书也对国家自主性的概念作出了进一步的反思。借鉴米格代尔的"有关国家的人类学"研究取向，本书并不认为国家是一个连贯一致、固定不变的整体。相反，国家是由嵌入实际治理过程之中的各个不同片段构成的，这些片段嵌入各种复杂的网络关系和权力制衡因素之中，并未形成统一的行动目标和方向。在中国改革的过程中，国家所呈现的几种不同的力量包括：与农民发生日常关系的基层干部、弥散在国家科层制结构中的各级官员、国家高层中的不同意见以及国家政策的最高决策点。在集体化时期，基层干部一方面当然享有某些生产特权，但是他们同时也面临着来自农民生存的直接压力。各级科层官员的行动更多的诉诸国家既有的制度文本。改革派力量在中国农村改革过程中起到了极大的推动作用：当自上而下的政策制定面对诸多困境时，改革派领导者将变革的主动权置于村庄层面上，以暗示和调动的方法促成村庄内部的变革；当村庄层面的变革遭遇到已有的国家结构的科层制阻力时，改革派领导者又以权威主义的方式将变革的压力加以化解；并且以实践中的成功尝试为依据，推动国家最终的政策转变，并树立起国家新的治理符号与意象。

在中国农村改革的进程中，无论是国家的各个层级还是乡村社会本身，都并未形成确定的行动意向与符号框架。在上述复杂权力关系的相互博弈和建构过程之中，没有任何一方强大到足以控制其他几方，而是都需要在其他行动主体上找寻可资利用的资源与框架形成某种联合、同盟与网络。分化为不同片段的国家力量与社会关系的碰撞、交涉、博弈乃至相互投射和建构也构成了中国市场转型的基本特征和场景。

（三）国家实践层面的灵活与变通

米格代尔从意象（image）和实践两个方面理解国家运作，前者是国家形象中体现出来的一体性，后者是指实践中呈现出来的国家各个部分之间规则的多样性及其松散的联系。

从前文的分析中可以看出：农民的日常抗争虽然无法直接改变国家制度，但的确让国家的社会经济发展长期陷入困境。截至 20 世纪 70 年代末，集体化农业的失败导致国家开始呈现一种"片段化"的特征，这种"片段化"既包括中央领导高层在统一意识形态下的变通与不变通；也包括省部级领导与中央改革派的特殊纽带与联系；[①] 还包括弥散在整个国家科层制体系中的各种"关系"和交错形成的掣肘。在中国市场转型的开端，作为主体的国家事实上并未形成统一的意见与行动方案，而是由分化为不同力量的各个"片段"在互相博弈与妥协的过程中将改革推向前进。

---

① 1978 年春天，邓小平出国访问路过成都，亲手将一份安徽《省委六条》交给四川省委第一书记赵紫阳，鼓励其进一步推进农村生产责任制建设。之后云南、广东等地区也开始逐步推广生产责任制。1987 年 6 月 12 日，邓小平在谈到农村改革初期的形式时说："有两个省带头，一个是四川省，那是我的家乡；一个是安徽省，那时候是万里同志主持。我们就是根据这两个省积累的经验，制定了关于改革的方针政策。"（邓小平，1993：238）

灾害时期的地方政府往往具有政策"变通"的短暂时机，安徽省委改革派领导者抓住这一机会，寻找乡村社会中的合适土壤与契机，凝聚村庄共识，试图以"试点"的方式推进改革尝试。然而面对乡村社会中分化的不同意见以及经过历次政治运动洗礼的基层群众，改革派领导者反而需要运用诸如"暗示""调动""选拔""培养""奖励""示范""推广"等集体化时期的群众动员手段，才能够成功推进农村改革的尝试。而当村庄层面的变革遭遇到已有的国家结构的科层制阻力时，改革派领导者又以权威主义和科层制"内部惩罚"的方式将变革的制度压力加以化解，从而在实现制度转变的同时确保政权结构的稳定性。

表7-1　农村改革过程中的国家治理模式

	国家实践	国家意象
主体	分化的国家片段	统一的国家意象
形式	实践的多样性	符号的统一性
主要策略	作为突破口的"试点"	作为象征符号的"典型"
与社会的关系	凝聚"民众意愿"	"生存逻辑"的推演
具体技术	变通、暗示、内部惩罚	民情、连续性、开创新的可能
治理目标	有效性	合法性

不难看出，农村改革时期的国家实践并没有形成统一的方向和策略，而是由嵌入日常治理过程之中的不同的国家片段生发出的灵活、多样化的组织策略和应对方式，通过"变通"、"试点"和"学习班"等治理技术，实现权力治理的有效性目标。

（四）国家意象层面的凝聚与延续

如果说多样化的权力实践模式是确保国家治理有效性的现实要求，那么"意象"层面上的话语符号则需要重塑国家在理想状态中的统一性和神圣性。"小岗典型"的塑造正是在这一层面上满足了国家制度转型的话语要求。

在对东欧剧变与第三波民主化进程的反思中，许多研究者注意到东欧各国尤其是苏联国家能力的严重削弱和坍塌，一度让其经济和社会生活陷入快速衰退的困局之中。而中国则因其"渐进式改革"避免了国家政权的激烈震荡和国内政治局势的突变，并由此带来了市场转型过程中的"早期优势"（initial advantage）（Walder，Isaacson & Lu，2015）。然而已有研究却较少探及以农村改革为代表的中国市场转型为何能够相对平稳和顺利地完成。"渐进式改革"或是作为与东欧诸国历史比较的前提条件一笔带过；或是被简单地解释为"中国的政治领导者顺应了自下而上的人民呼声"，政策变革因其对社会需要的满足自然而然地获得了民众支持与政治合法性基础。

与苏东相比，中国的市场转型之所以能够以一种相对"连贯"的方式进行，是与国家改革派力量将农民的生存伦理上升为国家革命目标的意象重塑息息相关的。尽管在集体化末期，国家的社会理想和实际治理之间已经存在极大的紧张与冲突，但是国家在社会主义改造过程中确立起来的种种社会规范和信仰——包括合作、公平与福利等，仍然深深镌刻在国家肌体之上。这就导致改革派领导者在进行农村政策变革的同时，需要从已有的国家话语要素中进行拣选和重新接合，从而形成新的延续性话语工程，提供一套在当时的历史背景下能够被农民普遍接受的基本理念规范。在"小岗符号"中，延绵乡村社会共同体，并且在三十余年的革命改造过程中并没有被完全取消，甚至在某种意义上被巩固和持续下来的"确保个体基本生存权利"的道义规范，被转化为"贫穷不是社会主义"的话语基础，从而在已有的社会主义理想和目标与当下的制度变迁之间建立起有机的关联，并为接下来经济改革目标的全面铺展奠定了基础。可见，国家的合法性并非一劳永逸，而是要不断通过意识形态和政策制定在实践中加以运作（Latham，2002）。

（五）国家能力的巩固和再造

已有研究指出，在市场转型过程中，国家在经济及社会领域的退出固然造就某部分的社会自主空间，然而"国家力量的衰减并不必然带来社会的成长与发展"（丁学良，2000），"国家的意志在农村仍然基本得到贯彻执行"，其具体表现为"该征的粮食基本都征上来了，该收的钱基本都收了，控制生育的目标也基本达到了"（孙立平、郭于华，2000）。这样一种看似矛盾的状况在对农村改革初期的研究中或许能够找到其历史根源。

米格代尔认为国家对社会的控制可以从"顺服、参与及正当性"三个指标体现出来。即社会大众对国家要求的配合程度越高、被国家动员的程度越高、对于国家法令的接受程度越高，则国家对社会的控制就越强，反之则越弱（Migdal，2001）。在集体化时期，尽管国家通过对乡土社会的全面改造貌似将个体小农全面纳入国家治理的链条，并在对生产过程的全面控制过程中对农民身体加以动员；然而农民在体制内、外广泛存在的寻求生存的各种日常策略已然构成了对国家要求的消极抗争。到集体化末期，作为国家合法性基础的政治理想和实际治理之间的显著对比已经导致国家合法性基础的削弱。而在农村改革之后，国家对社会的渗透虽然从形式上看，不再采取直接管理与安排的方式，但是农民被国家以物质利益间接动员的程度反而提高了；另一方面，民众对国家意志的贯彻——主要体现在粮食征购任务的完成上——也丝毫没有减弱；此外，也是最重要的一点，就是在农村改革的过程中，国家合法性程度由上文中提到的各种原因，不但没有降低，反而由于其政策受欢迎的程度和实际得到的收益而远远高于集体化时期。

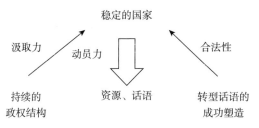

图 7 - 2　农村改革过程中国家能力的延续和再造

在农村改革早期阶段，这种持续而稳定的国家能力主要建立在相对稳定的政权结构与国家意识形态话语再造的基础之上。就前者而言，通过领导人个人权威的压制和科层体制"内部说服教育"等方式，国家基层政权体系并未出现根本性的解体与坍塌，从而确保了市场转型过程中国家持续而稳定的汲取力。就后者而言，国家成功塑造出一套来自乡村社会地方性知识，能够被治理双方合意性认同，与国家既有的社会主义话语并不矛盾，但又蕴含着新的转变契机的国家话语框架，从而在意象层面上维持了国家形象的延续和统一。可见，国家在作为中国市场转型第一步的农村改革过程中并非只是扮演了被动撤出和顺应民众意愿的角色，改革是更为复杂的一种国家能力被加以重组、置换并得到巩固、延续和再生产的过程。

三 农民自身对转变赋予的意义

在前文中，我们主要从国家治理机制的角度反思了以安徽省为先驱的中国农村改革进程，然而，社会转变不仅是物质层面上的，这样一种日常生活的全方位的转变实际上涉及农民的生活世界本身。在对农民口述历史的收集过程中，笔者时时能感受到村民们在对这段历史进行叙述的同时，也试图对这样一种转变进行自身的阐释和意义赋予。口述历史学家们指出，个体在进行历史叙事时，采用的叙事框架却是当下的，它反映了讲述者当下的观念、利益和立场（Perks，1998）。因而对农民们记忆和表述模式的反思，就不仅出于历史事实重构的目的本身，而是在这些建构的回忆与表述中寻找他们自身的意义世界，去理解他们如何阐释自己的生活和周遭变化的世界。

在经历了现代性革命以来的历次变动之后，不少老人在回顾自己的一生时，都发出了类似的感叹："那时候跟现在不一样。"在发生如此巨变的"过去"与"现在"之间，农民如何建立起关联呢？

吉奥丹和卡斯托瓦在研究中指出，"过去是至关重要的，因为它为人们提供了一种归属感和认同感，共同生活的经历为人们带来认知资本（cognitive capital）"（Giordane，2002：89）。维特布斯卡则在对苏联的研究中指出：对过去的考察，实际上也是在研究人们如何通过一系列记忆、遗忘和阐释的复杂过程来重构一个可能的未来。相反，如果"在某种程度上，人们或许感到自己拥有一段过去。但却无法在这种过去和未来之间建立某种关联的话，就会导致危机"（Vitebsky，2002：181）。

> 毛主席思想还是正确的。那时候什么都没啊，像土匪啊，小偷小摸都没啊。毛主席那时候吃好大亏（吃很多苦）啊。爬雪山，过草地，不都是为了人民吗？毛主席他领导部队，解放这、解放那，不都是为了穷老百姓吗？
>
> 毛主席那时候，做这些河啊，修这些水库啊，不都是为老百姓干的嘛？河网通了，老百姓这些年还是靠这些。毛主席那时候水一通，老百姓现在干什么就不怕啦。真正功劳还是毛主席的。（THU070128LR）

农民们一方面认识到"毛主席那时候和现在不一样";但另一方面,过去的意义并未被抹杀,过去成为当下发展的基础。没有老一辈革命者爬雪山、过草地,就没有今天的和平安定;没有集体化时期兴修水利、建设河网,就不会有今天的农业经济发展;没有曾经的困难生活,就不会过上今天的好日子等等。通过这样一种"先苦后甜"(郭于华,2003a)的生活逻辑,农民们在过去和当下之间建立起了时间先后上的因果关系。

而对于当下的新农村建设与新合作社,农民也以自己一套"分久必合、合久必分",某一种状况存在久了必然会引发不满和变化的逻辑来加以阐释。

> 建设新农村还是对的。单干过后呢,我看呢,还是发展不出什么气候的。田地呢,没人兴了,都出去打工了。田埂呢老牛也走不过了,没人做了。真正的新农村建设,必然要走机械化(道路)。机械化,你个人干,买不起。就是买,也划不来。一个收割机几十万块钱,这个田地老牛都不能耕,更何况机械呢?那就更不照了。

> 必然性起作用还是对的。事情呢,就是这样。初期干,上头来个集体,集体干不好,私人再一起干,就凶猛一些。后头再来个集体,它又好一些。什么事情呢,它都是这样。它不断地要变化,要更新。时间一长,什么事情就是不照了。比如讲你现在还是学生,你在念书,将来呢,你要分配工作,你那个工作,你干一段时间又感到这个工作不好,你又想干其他的工作,所以农村,也是这种性质。哎,分分合合、合合分分。集体干到最后磨洋工。每天从早上日头出干到日头落山,天天都干活,吹风也干,下雨也干,人最后就怨了,而且吃没得吃,喝没得喝。那时候有柴米油盐四大需要,什么都没有,老百姓不就怨了吗?

> 最后万里来调整一下,老百姓干劲不就大了嘛。而且刮风下雨啊,干活能有个调整,人就比较自由了,人有自主权,他就好一些。最近呢?好些他又要去打工,妇女们在家干干活,也照。像小井庄他们这样干,也是好的。年轻人出去了,大棚给人承包了,妇女们干干。新农村还是对的。要不然这个责任田,我看再拖个十年八年,田地也荒芜了。(THU060507YXZ)

"天下大势，合久必分、分久必合"，这是流传在中国田间地头、村民们耳熟能详的《三国演义》的开篇。以这样一个习语来解释周遭世界的变动，一方面反映了农民们深切感受到这种局势的变动是外在于乡土社会自身的，自己无力把握这种变化本身；另一方面，也表明农民们已经把这种变化自然化了，任何事物"它不断地都要变化，都要更新"。

对于社会转型所带来的生活世界的巨大变动，农民以自己的一套方式对过去与现在进行意义的勾连：现在就是过去（集体化时期）的未来；过去是已然确立的历史轨迹；历史以一种钟摆式的方式不断摆动和延绵。社会历史的不断变动给农民生活世界带来的冲击以这样一种方式被消解了。过去、当下和未来之间似乎并不存在无法弥补的鸿沟，人们仍然能够在过去寻找到当下存在的可能与意义。历史仍将延续，而变动也会不断再现，这一切似乎都自有其规律，且远非乡土社会本身所能左右。

参考文献

安徽省档案馆，1999，《安徽省农村改革之路》，中共安徽省委办公厅文印室。

波兰尼，2007，《大转型：我们时代的政治与经济起源》，冯钢、刘阳译，浙江人民出版社。

巴尔特，1988，《符号学原理》，李幼蒸译，三联书店。

布迪厄，2003，《实践感》，蒋梓骅译，译林出版社。

布拉莫尔，2012，《中国集体农业再评价》，http://wen. org. cn/modules/article/view. article. php/3476/。

蔡昉、王德文、都阳，2008，《中国农村改革与变迁》，格致出版社、上海人民出版社。

陈复东，2006，《固镇县推行"农业生产责任制"的经过》，载中共安徽省委党史研究室编《安徽农村改革口述史》，中共党史出版社。

陈庭元，2006，《凤阳大包干》，载中共安徽省委党史研究室编《安徽农村改革口述史》，中共党史出版社。

程秀英，1999，《诉苦、认同与社会重构——对"忆苦思甜"的一项心理史研究》，北京大学社会学系硕士学位论文。

达斯，2006，《生命与言辞》，侯俊丹译，北京大学出版社。

《邓小平文选》第3卷，1993，人民出版社。

丁学良，2000，《转型社会的法与秩序：俄罗斯现象》，《清华社会学评论》（特辑），鹭江出版社。

杜润生，2005，《杜润生自述：中国农村体制变革重大决策纪实》，人民出版社。

杜赞奇，2003，《文化、权力与国家》，王福明译，江苏人民出版社。

范晓春，2009，《改革开放前的包产到户》，中共党史出版社。

方慧容，1997，《"无事件境"与生活世界中的"真实"——西村农民土地改革时期社会生活的记忆》，北京大学社会学系硕士学位论文。

费孝通，2006，《江村经济》，上海人民出版社。

弗莱雷，2000，《被压迫者的教育学》，华东师范大学出版社。

福柯，1999，《无名者的生活》，李猛译，载北京大学社会学系编《社会理论论坛》第 6 期。

福柯、德勒兹，1998，《知识分子与权力》，载杜小真编选《福柯集》，上海远东出版社。

高王凌，2006，《人民公社时期中国农民"反行为"调查》，中共党史出版社。

郭金华，1997，《有差异的诉苦与土改目标的实现——作为一种社会主义运作机制的公共表达》，北京大学社会学系硕士学位论文。

郭于华，2000，《仪式与社会变迁》，社会科学文献出版社。

郭于华，2003，《心灵的集体化：陕北骥村农业合作化的女性记忆》，《中国社会科学》第 4 期。

郭于华，2008，《作为历史见证的"受苦人"的讲述》，《社会学研究》第 1 期。

郭于华、孙立平，2003，《诉苦：一种农民国家观念形成的中介机制》，载杨念群编《新史学——多学科对话的图景》，中国人民大学出版社。

郭于华，2013，《受苦人的讲述：骥村历史与一种文明的逻辑》，香港中文大学出版社。

国家统计局农村统计司，1986，《中国农村统计年鉴》，中国统计出版社。

哈布瓦赫，2002，《论集体记忆》，毕然、郭金华译，上海人民出版社。

韩丁，1980，《翻身——中国一个村庄的革命纪实》，韩倞等译，北京出版社。

何建新，2008，《台州农民革命风暴》，作家出版社。

何江穗，2001，《"是""非"之间：革命的大众参与》，北京大学社会学系硕士学位论文。

贺飞，2007，《弱者的力量与变革的机遇》，清华大学社会学系博士学位论文。

黄金麟，2005，《政体与身体——苏维埃的革命与身体（1928－1937）》，（台北）联经出版社。

黄金麟，2006，《历史、身体、国家——近代中国的身体形成（1895－1937）》，新星出版社。

黄宗智，1986，《华北的小农经济与社会变迁》，中华书局。

黄宗智，1998，《中国革命中的农村阶级斗争——从土改到文革时期的表述性现实与客观性现实》，《国外社会学》第 5 期。

柯鲁克，1982，《十里店——中国一个村庄的群众运动》，安强等译，北京出版社。

柯文，1997，《历史三调：作为事件、经历和神化的义和团》，杜继东译，江苏人民出版社。

科技部国家计委国家经贸委灾害综合研究组，2000，《灾害·社会·减灾·发展：中国百年自然灾害态势与 21 世纪减灾策略分析》，气象出版社。

李大钊，1984，《李大钊文集》下册，人民出版社。

李放春，2005，《北方土改中的“翻身”与生产——中国革命现代性的一个话语历史矛盾溯考》，载黄宗智编《中国乡村研究》第 3 辑，社会科学文献出版社。

李康，1999，《西村十五年：从革命走向革命——1938－1952 冀东村庄基层组织机构变迁》，北京大学社会学系博士学位论文。

李猛，1998，《拯救谁的历史》，《二十一世纪》第 10 期。

李培林，2005，《另一只看不见的手：社会结构转型》，社会科学文献出版社。

列宁，1972，《列宁选集》卷 1，人民出版社。

刘宗迪，2006，《从节气到节日——从历法史的角度看中国节日的形成和变迁》，《江西社会科学》第 2 期。

流心，2005，《自我的他性：当代中国的自我谱系》，常姝译，上海人民出版社。

陆益龙，2007，《嵌入性政治与村落经济的变迁——安徽小岗村调查》，上海人民出版社。

《马克思恩格斯全集》第 46 卷（上册），1979，人民出版社。

马克思，2004，《资本论》卷 1，人民出版社。

毛泽东，1991，《关于领导方法的若干问题》，载《毛泽东选集》第 3 卷，
　　人民出版社。

《毛泽东选集》第 4 卷，1991，人民出版社。

《毛泽东文集》第 7 卷，1999，人民出版社。

孟德拉斯，2005，《农民的终结》，李培林译，中国社会科学出版社。

孟庆延，2012，《族群、阶级与社会动员——中央苏区土地革命再研究》
　　（未刊稿）。

米格代尔，1974，《农民、政治与革命——第三世界政治与社会变革的压
　　力》，李玉琪、袁宁译，中央编译出版社。

潘维，2003，《农民与市场：中国基层政权与乡镇企业》，商务印书馆。

彭森、陈立，2008，《中国经济体制改革重大事件》，中国人民大学出版社。

渠敬东，2013，《占有、经营与治理：乡镇企业的三重分析概念（下）——
　　重返经典社会科学研究的一项尝试》，《社会》第 2 期。

斯科特，2001，《农民的道义经济学：东南亚的反叛与生存》，程立显、刘
　　建等译，译林出版社。

斯科特，2004，《国家的视角》，王晓毅译，社会科学文献出版社。

斯科特，2005，《弱者的武器》，郑广怀等译，译林出版社。

宋洪远，2008，《中国农村改革三十年》，中国农业出版社。

孙立平、郭于华，2000，《软硬兼施：正式权力非正式运作的过程分析——
　　华北 B 镇定购粮收购的个案研究》，载《清华社会学评论》（特辑），
　　鹭江出版社。

孙立平，2002，《实践社会学与市场转型过程分析》，《中国社会科学》第
　　5 期。

汤茂林，2006，《肥西县山南公社实行包产到户的经过》，载中共安徽省委
　　党史研究室编《安徽农村改革口述史》，中共党史出版社。

汤普森，2004，《英国工人阶级的形成》，钱乘旦译，译林出版社。

汤应武、缪晓敏，1997，《党和国家重大决策的历程》，红旗出版社。

万里，2005，《农村改革是怎么搞起来的》，载中共肥西县委党史研究室编
　　《中国农村改革发端》，育才印刷厂。

王耕今、孙德山，1959，《向着现代化迈进的中国农业》，农业出版社。

王立恒，1998，《山南公社推行联产承包责任制纪实》，肥西县山南镇小井

庄包产到户纪念馆收藏。

王利强等，2006，《我国水稻机械种植现状与发展机直播的研究》，《农机化研究》第 3 期。

王立新，1999，《要吃米找万里》，北京图书馆出版社。

王绍光，2002，《国家汲取能力的建设——中华人民共和国成立初期的经验》，《中国社会科学》第 1 期。

王郁昭，2006，《包产到户、包干到户的前前后后》，载中共安徽省委党史研究室编《安徽农村改革口述史》，中共党史出版社。

夏玉润，2005，《小岗村与大包干》，安徽人民出版社。

辛生，2006，《安徽农村改革初期的一些情况》，载中共安徽省委党史研究室编《安徽农村改革口述史》，中共党史出版社。

严俊昌、严宏昌、严立学等，2006，《凤阳县小岗村包干到户的一些情况》，载中共安徽省委党史研究室编《安徽农村改革口述史》，中共党史出版社。

应星，2001，《大河移民上访的故事》，三联书店。

应星，2009，《村庄审判史中的道德与政治——1951 - 1976 年中国西南一个山村的故事》，知识产权出版社。

詹绍周，2006，《凤阳县马湖公社推行包产到组、联产联质记工责任制的经过》，载中共安徽省委党史研究室编《安徽农村改革口述史》，中共党史出版社。

张静，2003，《土地使用规则的不确定——一个解释框架》，《中国社会科学》第 1 期。

张勋，2006，《东北地区农业机械化发展的战略思考》，《农机化研究》第 3 期。

张广友、丁龙嘉，2000，《万里》，中共党史出版社。

张仲礼，1991，《中国士绅及其在十九世纪中国社会中的作用》，上海社会科学出版社。

赵彗星，2007，《小岗典型的建构》，北京大学社会学系硕士学位论文。

折晓叶，1996，《村庄边界的多元化》，《中国社会科学》第 3 期。

折晓叶、陈婴婴，2005，《产权怎样界定——一份集体产权私化的社会文本》，《社会学研究》第 4 期。

郑卫东，2005，《"国家与社会"框架下的中国乡村研究综述》，《中国农村观察》第 2 期。

中共安徽省委党史研究室，2006a，《安徽农村改革口述史》，中共党史出版社。

中共安徽省委党史研究室，2006b，《安徽农村改革之路》，中共党史出版社。

中共肥西县委党史研究室，2005，《中国农村改革发端——安徽肥西山南小井庄》，育才印刷厂。

中国经济改革研究基金会、中国经济体制改革研究会联合专家组，2004，《中国改革的理论思考》，上海远东出版社。

周飞舟，1996，《土地改革的政治经济学》，北京大学课程材料。

周飞舟，2006，《从汲取型政权到"悬浮型"政权——税费改革对国家与农民关系之影响》，《社会学研究》第 4 期。

周其仁，1994，《中国农村改革：国家和所有权关系的变化》，《中国社会科学季刊》（香港）夏季卷。

周雪光，2003，《组织社会学十讲》，社会科学文献出版社。

周曰礼，1985，《家庭承包制探讨》，安徽人民出版社。

周曰礼，1998，《农村改革理论与实践》，中共党史出版社。

周曰礼，2005，《包产到户是解放思想的产物——农村改革回眸》，载中共肥西县委党史研究室编《中国农村改革发端》，育才印刷厂。

周曰礼，2006a，《关于安徽家庭承包制的产生与发展》，载中共安徽省委党史研究室编《安徽农村改革口述史》，中共党史出版社。

周曰礼，2006b，《安徽农村改革》，载张树军、史言主编《红色档案：中国共产党重大事件实录》，湖南人民出版社。

邹谠，1994，《二十世纪中国政治》，牛津大学出版社。

Bernstein, T., 1967, "Leadership and Mass Mobilization in the Soviet and Chinese Collectivization Campaigns of 1929 – 30 and 1955 – 56: A Comparison", *China Quarterly*, (31): 1 – 47.

Bourdieu, Pierre, 1999, *Weight of the World: Social Sutfering in Contemporary Society*, Cambridge: Polity Press.

Brandtstädter, S., 2005, "Property Struggles and the Ownership of Development in Southern China", Property Relations, edited by Hann, C. M.,

Max Planck Institute for Social Anthropology, http://www. eth. mpg. de.

Burns, J. P. , 1983, "Peasant Interest Articulation and Work Teams in Rural China. 1962 – 1974", *China's New Social Fabric*, edited by Chu, G. C. H. , Francis L. K. , Boston: Kegan Paul International.

Chan, Anita, 1992, *Chen Village Under Mao and Deng*, Los Angles and Berkeley: University of California Press.

Charkrabarty, Dipesh, 1989, *Rethinking Working – Class History: Bengal 1890 – 1940*, Princeton: Princeton University Press.

Dando, William A. , 1980, *The Geography of Famine*, London: Edward Arnood.

Douglas, Mary, 1986, *How Institution Think*, New York: Syracuse University Press.

Dubet, F. , Vieviorka. M. , 1996, "Touraine and the Method of Sociological Intervention", *Alain Touraine*, edited by Clark. J. , M. Diani, London: Falmer Press.

Durkheim, Emile, 2001, *The Elementary Forms of Religion Life*, translated by Carol Cosman, Oxford University.

Evans, P. B. , 1995, *Embedded Autonomy*, *States and Industrial Transformation*, Princeton: Princeton University Press.

Giordane, Christian and Kostova Dobrinka, 2002, "The Social Production of mistrust", in *Postsocialism: Ideals. Ideologies and Practices in Eurasia*, edited by Hann, Chris M. , London: Routledge Publisher: 78 – 96.

Guha, Ranajit and Gayatri Chakravorty Spivak, 1988, *Selected Sulbaltern Studies*, New York: Oxford University Press.

Halbwachs, Maurice, 1980, *The Collective Memory*, New York: Harper & Row.

Hartford, K. ; 1985, "Socialist Agriculture is Dead; Long Live Socialist Agriculture! Organizational Transformation in Rural China", *The Political Economy of Reform in Post – Mao China*, edited by Perry, E. and C. Wong, Cambridge: Harvard University Press.

Hinton, William, 1966, Fanshen: *A Documentary of Revolution in a Chinese Village*, New York: Random House.

Humphrey, Caroline, 1998, *Marx Went Away but Karl Stayed Behind*, Ann Arbor: University of Michigan Press.

James, Clifford, and George E. Marcus, 1986, *Writing Culture*, University of California Press.

Jean C. Oi, 1989, *State and Peasant in Contemporary China: The Political Economy of Village Government*, Berkeley and Los Angeles: University of California Press.

Judd, Ellen R. , 1994, *Gender and Power in Rural North China*, Stanford: Stanford University Press.

Kelliher, Daniel, 1992, *Peasant Power in China: The Era of Rural Reform: 1979 – 1989*, New Haven: Yale University Press.

Krasner, Stephen D. , 1978, *Defending the National Interest*, Princeton: Princeton University Press.

Lampland, Martha, 2002, "The Advantage of Being Collectivized: Cooperative Farm Managers in the PS Economy", *Postsocialism: Ideals. Ideologies and Practices in Eurasia*, edited by Hann. C. M. , London: Routledge Publisher: 32 – 65.

Latham, Kevin, 2002, "Social Palliatives and the Rhetoric of Transition in Post-socialism China", *Postsocialism: Ideals. Ideologies and Practices in Eurasia*, edited by Hann. C. M. , London: Routledge Publisher: 198 – 233.

Lin, Justin Yifu, 1990, "Collectivization and China's Agricultural Crisis in 1959 – 1961," *Journal of Political Economy*, University of Chicago Press, vol. 98 (6): 1228 – 52.

Madsen Richard, 1984, *Morality and Power in a Chinese Village*, Berkeley: University of California Press.

Mann, 1986, *The Souces of Social Power*, Cambridge: Cambrige University Press.

McAdam, Doug, 1999, *Political Process and the Development of Black Insurgency. 1930 – 1970*, Chicago: University of Chicago Press.

Migdal, Joel S. , 1988, *Strong Societies and Weak States: State – Society Relations and State Capacity in the Third World*, Princeton: Princeton University Press.

Migdal, J. S. 2001, *State in Society: Studying How States and Societies Transform and Constitute One Another*, New York: Cambridge University Press.

Nee, Victor, 1996, "Market Transition and Societal Transformation in Reforming State Socialism," *Annual Reviews Sociology* 22: 401 – 435.

Nee, Victor, 2003, "Market Transition and Societal Transformation in Reforming State Socialism", *Annual Reviews Sociology* 22 (2).

Paige, Jefferey M. , 1975, *Agrarian Revolution*, New York: Free Press.

Perks, Robert and Thomson Alistair, 1998, *The Oral History Reader*, London and New York: Routledge.

Pierre, Bourdieu, 1999, *The Weight of the World*, Cambridge: Polity Press.

Piers, Vitebsky, 2002, "Social and Spiritual Crisis in the Indigenous Russian Arctic", Hann. C. M. *Postsocialism: Ideals. Ideologies and Practices in Eurasia*, London: Routledge Publisher: 172 – 191.

Pocock, John G. A. , 1971, *Politics, Language, and Time: Essays on Political Thought and History*, New York: Atheneum.

Popkin, S. , 1979, *The Rational Peasant: The Political Economy of Rural Society in Vietnam*, Berkeley and Los Angeles: University of California Press.

Portelli, Alessandro, 1991, *The Death of Luigi Trastulli and other Stories: Form and Meaning in Oral History*, New York: State University of New York Press.

Scott, James C. , 1990, *Domination and the Arts of Resistance: Hidden Transcripts*, New Haven: Yale University Press.

Shue, Vivienne, 1980, *Peasant China in Transition: The Dynamics of Development Toward Socialism, 1949 – 1956*, Berkeley: University of California Press.

Shue, Vivienne, 1998, *Reach of the State*, Stanford: Stanford University Press.

Siu, H. , 1989, *Agents and Victims in South China*, New Haven: Yale University Press.

Skocpol, Theda, 1979, *States and Social Revolutions: A Comparative Analysis of France, Russia, and China*, Cambridge: Cambridge University Press.

Skocpol, Theda, 1998, *Demoracy, Revolution and History*; N. Y. : Cornell University Press.

Spivak, Gayatri Chakravorty, 1988, "Can the Subaltern Speak?", in *Marxism and the Interpretation of Culture*, edited by Cary Nelson and Lawrence Grossberg, Urban and Chicago: University of Illinois Press, 271 – 313.

Touraine, Alain, 1981, *The Voice and the Eye: An Analysis of Social Movement*, New York: Cambridge University Press.

Unger, J., 1985, "The Decollectivization of the Chinese Countryside: A Survey of Twenty – eight Villages", *Pacific Affairs* 58 (4).

Vitebsky, Piers, 2002, "Withdrauing from the Land, Social and Spiritual Crisis in the Indigentous Russian Arctic", *Postsocialism: Ideas, Ideologies and Practices in Eursia*, Edited by Hann. C. M., London: Routledgs Publisher, pp. 171 – pp. 190.

Walder, A. G., Isaacson, A. and Lu, Q., 2015, "After State Socialism: the Politics Origins of Transitional Recessions", *American Sociological Review* 80 (2).

Walder, Andrew G., 1986, *Communist Neo – Traditionelism: Work and Authority in Chinese Industry*, Berkeley: University of California Press.

Watson, Andrew, 1983, "Agriculture Looks for Shoes that Fit: The Production Responsibility System and its implication", *World Development*, 11 (8).

Walter, 1969, *The Image of Proust*, Trans. by Harry Aohn, New York: Schocken Books.

Weiss, L., 1998, *The Myth of Powerless State: Governing Economy in a Global Era*, Cambridge: Cambridge University Press.

Whyte, M., 1989, "Who Hates Bureaucracy?" In Stark, D. and V. Nee (eds.), *Remaking the Economic Institutions of Socialism*, Stanford: Stanford University Press.

Wright, Erik Olin, 2000, "Working – Class Power. Capitalist – Class Interests. and Class Compromise", *America Journal of Sociology*, 2000 (4).

Zhou, Kate Xiao, 1996, *How the Farmers Changed China: Power of the People*, Boulder: Westview Press.

Zweig, D., 1997, *Freeing China's Farmers: Rural Restructuring in the Reform Era*, New York: M. E. Sharpe.

附 录

安徽省农村改革时间序列表

1975 年	邓小平主持工作
1977 年 6 月	万里任安徽省委第一书记
1977 年 11 月 20 日	《省委"六条"》颁发
1978 年 9 月初	安徽省内大旱、省委借地种麦
1978 年 9 月 15 日	黄花大队讨论秋种方案，采用"四定一奖"
1978 年 9 月 19 日	黄花大队召开秋种现场会
1978 年 12 月	十一届三中全会在北京召开
1979 年 2 月 1 日	省委工作队到山南公社宣讲中央文件
1979 年 2 月 6 日	省委常委会宣布山南公社"包产到户"试点
1979 年 2 月 9 日	肥西县委三干会宣布"三不政策"①
1979 年 2 月 16 日	省委召开六安、巢湖、滁县三地委书记座谈会
1979 年 2 月 14 ~ 20 日	凤阳县召开四级干部会议，开始大包干到组
1979 年 3 月 12 ~ 24 日	国家农委召开七省座谈会
1979 年 3 月 15 日	《人民日报》刊登张浩来信

---

① 不宣传、不制止、不推广。

1979 年 3 月	安徽省委十八条代电缓解张浩风波
1979 年春	小岗村开始包干到户①
1979 年 4 月 15 日	凤阳县委对小岗采取"三不"政策
1979 年 5 月 21 日	万里第一次到山南公社视察
1979 年 7 月 16 日	肥西县委颁布第 46 号文件
1979 年 8 月 5 日	王光宇参加肥西县常委会，纠正第 46 号文件
1979 年 12 月 13 日	万里第二次视察山南公社
1980 年 1 月 2 日	全省农村工作会议肯定包产到户是一种责任制形式
1980 年 1 月 20 日	万里视察小岗村
1980 年 2 月 29 日	万里任中央书记处书记，分管农业工作
1980 年 5 月 31 日	邓小平发表讲话，支持包产到户
1980 年 9 月 27 日	中共中央第一书记座谈会肯定边远地区包产到户
1982 年 1 月 1 日	《全国农村工作会议纪要》进一步肯定各种形式的责任制
1984 年	全国基本上完成包干到户
1992 年 10 月	家庭承包责任制写入中华人民共和国宪法

---

① 小岗村包干到户的时间在不同文本中差别很大，参照农民的口述历史材料和早期档案材料，1979 年春耕开始前后是一个符合常识的、相对可信的时间，故本书采用这一提法。

后　记

本书是在我博士论文的基础上修改而成的，从 2005 年确定博士论文选题、2006 年第一次的田野调查，再到论文出版，粗略一算，已过去十余个年头。重新回首本书的写作过程，确实感慨良多。

首先要感谢我的博士生导师郭于华老师。郭老师勤学善诱、谆谆教导，让我从一个学术研究的门外汉，成长为一个具有独立思考和意识的研究者。郭老师人品高洁、行事端方，无论是为学还是为人，一直是我和诸位同门的楷模和指引。毕业多年来，仍然不时得到郭老师的关怀和帮助，这种亦师亦友的关系每每让我深为感切和珍惜。

清华大学社会学系沈原老师是引领我走上学术研究的第一位老师，尽管后生小子学业不精，让老师失望，但是沈老师一步步教我如何阅读学术书籍、进入田野、开展研究和论文写作，并指引给我最纯粹的学术之道和学术精髓所在。正是沈老师的宽广胸襟和眼界，以及颇为严厉的训练和要求奠定了我日后求学和研究的基础。

本书的研究思路受到清华大学社会学系孙立平教授"转型社会学"的深刻影响和指引，也感谢孙老师在我博士学习期间从课程学习，到论文开题、中期检查与毕业答辩过程中每一步的悉心指导和督促。更难忘的是在我学习生涯的低谷期，孙老师仍然没有放弃对我的提携、关怀和指引，这也是我能够继续前行的宝贵动力。

读博期间，国家留学基金委资助我赴美国伯克利大学求学一年，本书的部分篇章完成于伯克利大学图书馆地下室，伯克利大学中国研究中心的丰富藏书也为我的研究提供了扎实的资料。感谢美国伯克利大学人类学系的刘新教授在我海外求学期间对我的关怀、指引和督促，刘老师学养深厚，文采斐然，也是刘老师《自我的他性》一书让我体会到人类学的韵味和魅力。

感谢我博士论文答辩组成员的三位老师：中国社会科学院折晓叶研究员、北京大学社会学系刘世定教授、清华大学社会学系李强教授。他们对论文的悉心阅读和指导，在答辩会上的宝贵意见和对本研究的肯定，都让我受益良多。

感谢中国社会科学院社会学所的罗琳老师。尽管我和罗老师只有一面之缘，但是罗老师不辞辛劳地通读了本书第三章和第五章的部分内容，并给出了翔实而中肯的修改意见。罗老师对后辈学者的无私指导、帮助和提携，也每每激励我不敢懈怠，继续前行。

本书的写作还要感谢我多年的好友赵彗星。彗星和我是安徽大学社会学系本科同学和挚友，我在清华读研期间，彗星又在北京大学王汉生老师门下继续深造，研究关注点也是中国农村改革典型的塑造。共同的学术兴趣和追求让我们一起讨论、切磋和成长。本书创作期间，彗星又无私分享了她的田野记录和报告，为本书第六章部分内容的写作提供了扎实的田野资料。

感谢清华大学经管学院杨灵，首都经济贸易大学侯俊丹，中国社会科学院社会学所施芸卿、闻翔，社会科学文献出版社童根兴等师友。他们在不同场合均对本书的写作有所贡献。人生得一知己足矣，这一路走来，我又是何其幸运！

感谢我的每一位被访者，原谅我当年匆匆闯入你们的生活，感谢你们每一个人对我的赤诚相待。斗转星移，岁月如梭，时至今日，有些被访者已经离开了人世，去往我们每个人最后的归宿，也希望借这一本小书记录下我们曾经的记忆和过往。对我而言，故土只是年少时一心想要离开的地方，才好去追寻更远、更大的城市；十余年来身在异乡，才更深地体会到自己根在何处、来自何方。感谢我在江淮热土上的乡亲父老，你们才是这段历史真正的主人！

感谢中华女子学院社会工作学院诸位领导和老师对我工作上的帮助与支持，让我得以拥有一个宽松、愉快的写作环境和氛围。

感谢社会科学文献出版社编辑谢蕊芬女士对本书的出版所做出的专业工作，感谢北京市教委"青年英才计划"为本书提供出版资助。

李 洁

2016 年 9 月

图书在版编目（CIP）数据

生存逻辑与治理逻辑：安徽农村改革的先期探索／
李洁著. -- 北京：社会科学文献出版社，2017.11
ISBN 978 - 7 - 5201 - 0893 - 5

Ⅰ.①生…　Ⅱ.①李…　Ⅲ.①农村经济－经济体制改
革－研究－安徽　Ⅳ.①F327.54

中国版本图书馆 CIP 数据核字（2017）第 123822 号

生存逻辑与治理逻辑
—— 安徽农村改革的先期探索

著　　者／李　洁

出 版 人／谢寿光
项目统筹／童根兴　谢蕊芬
责任编辑／谢蕊芬

出　　版／社会科学文献出版社·社会学编辑部（010）59367159
　　　　　地址：北京市北三环中路甲 29 号院华龙大厦　邮编：100029
　　　　　网址：www.ssap.com.cn
发　　行／市场营销中心（010）59367081　59367018
印　　装／北京季蜂印刷有限公司

规　　格／开　本：787mm × 1092mm　1/16
　　　　　印　张：12.5　字　数：203 千字
版　　次／2017 年 11 月第 1 版　2017 年 11 月第 1 次印刷
书　　号／ISBN 978 - 7 - 5201 - 0893 - 5
定　　价／59.00 元

本书如有印装质量问题，请与读者服务中心（010 - 59367028）联系